50 EXERCICES POUR SURVIVRE AUX RÉUNIONS DE FAMILLE

Groupe Eyrolles
61, Bd Saint-Germain
75240 Paris Cedex 05

www.editions-eyrolles.com

Avec la collaboration de Charlène Charillon

© Groupe Eyrolles, 2012
ISBN : 978-2-212-55480-9

Guillaume Clapeau

50 EXERCICES POUR SURVIVRE AUX RÉUNIONS DE FAMILLE

EYROLLES

Sommaire

Note

Toute ressemblance avec des personnes, des lieux ou des situations existant ou ayant existé serait totalement fortuite. Ou pas…

Aucun animal n'a été blessé ou tué durant la rédaction de cet ouvrage. Enfin, si l'on ne compte pas les innombrables moustiques écrasés (c'est ça d'écrire la nuit avec la fenêtre ouverte pour aérer…), les cafards écrabouillés (c'est ça de manger des sandwiches en ne ramassant pas les miettes) et le rat estropié par un lancer de dictionnaire (il faut vraiment que je pense à faire un peu de ménage).

Introduction

Il est 21 h 30. Les enfants sont couchés, la table est débarrassée, les mails sont relevés. Vous avez enfin la possibilité de vous vautrer dans votre canapé et d'essayer de rattraper en cours de route le téléfilm minable qui passe ce soir à la télé (vous auriez bien regardé un téléfilm pas minable, mais c'est plus dur à suivre quand on a raté le début).

« Dring », fait tout à coup la sonnerie du téléphone, ce qui n'est guère original à l'heure où tous les téléphones disposent d'au moins vingt sonneries différentes et que vous pourriez profiter avant de décrocher de quelques secondes de la *Lambada* ou de René la Taupe. « Dring », donc. Vous vous extirpez de la position très confortable, mais néanmoins fort nuisible à votre colonne vertébrale, que vous aviez acquise de haute lutte et vous dirigez vers le maudit appareil dont l'écran affiche, à votre grande consternation, « Parents ».

« Ouais ?

— Allô, ça va ? Vous faites quoi le 28 juillet ?

— Chais pas, pourquoi ?

— C'est le baptême d'Arthur.

— De qui ?

— Arthur, le petit de Corine.

— De qui ?

— Corine, ta cousine, espèce de bêta.

— Ah, oui ! Ah, elle a eu un môme ? Il doit avoir une drôle de tête.

— Arrête de faire ton malin. Tu pourrais t'intéresser un peu à la famille.

— Hin hin.

— Donc, le baptême est le 28 juillet et vous êtes invités.

— Chais pas, faut que je voie.

— Il n'y a rien à voir du tout : vous êtes dispos, vous venez, c'est tout.

— Ben pourquoi t'appelles pour savoir si on peut venir alors que ça a l'air super obligatoire ?

— Ah, tu m'énerves ! Bon, pensez à réserver ce week-end. De toute façon, vous allez recevoir une invitation avec tous les renseignements pour les hébergements, la tenue, etc.

— Super…

— Allez, bisous, bonne soirée ! »

Bonne soirée, tu parles ! L'événement est dans plus de trois mois et un sentiment d'angoisse mêlé de découragement commence déjà à vous envahir. Il faut dire que certains membres de votre famille ne sont pas des cadeaux, qu'ils seront sans doute tous là, et que vous risquez bien d'avoir à en côtoyer un certain nombre pendant quelques minutes chacun. Et si vous vous retrouviez assis entre Tante Bernadette et votre cousin Bertrand ? Vous fermez les yeux et secouez la tête pour effacer cette perspective apocalyptique de votre esprit.

« C'était qui ? demande l'amour de votre vie qui vient d'entrer dans le salon.

— Ma mère. On est invités le 28 juillet au baptême d'Arthur.

— Ah, oui, le fils de ta cousine Corine !

— Comment tu sais ça, toi ?

— Ben je m'intéresse. Et tu as dit qu'on était pris, j'espère ? J'ai pas trop envie de me retrouver coincée à table pendant trois heures entre ton oncle Jean-Michel et ta cousine Isabelle !

— Ventre-saint-gris ! vous exclamez-vous en bon adepte des interjections médiévales. Je les avais oubliés, ceux-là. Ben en fait, je me suis fait avoir, j'ai dit qu'on y allait », avouez-vous d'une voix chevrotante.

Et c'est parti pour cette grande aventure !

Grande aventure oui, car les réunions de famille sont l'occasion de retrouver des parents que l'on ne voit que rarement, de renouer avec ces cousins qui étaient vos meilleurs amis il y a quelques années encore, de faire le lien entre plusieurs générations, les derniers-nés faisant la connaissance des plus âgés. Un moment où nostalgie et espoir en l'avenir le disputent à bonne chère et chaleur humaine.

Bon. Si vous avez lu la phrase ci-dessus sans ricaner comme une hyène, vous vivez sans doute dans une comédie romantique américaine et avez acheté ce livre pour rien.

Si, en revanche, vous vous êtes demandé si vous ne vous étiez pas trompé d'ouvrage, rassurez-vous ! Ce cahier d'exercices est fait pour vous. Vous allez y apprendre des techniques éprouvées pour faire face à toutes les situations auxquelles vous ne manquerez pas d'être confronté lors des prochains mariages, baptêmes ou cérémonies en tous genres.

Nous avons en effet interrogé les plus grands experts pour vous aider dans cette tâche. *Profilers* du FBI, moines bouddhistes, étudiants en première année de psycho, ils se sont tous donné rendez-vous pour apporter des réponses concrètes aux questions que vous vous posez : dois-je rire aux blagues racistes d'Oncle Jean-Louis ? Suis-je obligé d'écouter le cousin Kévin me raconter dans l'ordre chronologique la saison du FC Sochaux ? Offrir le dernier album de Marilyn Manson comme cadeau de baptême est-il la meilleure idée qui soit ?

Au fil de ces pages, le programme d'entraînement concocté par nos spécialistes vous permettra d'affronter les événements avec une sérénité, voire un détachement, que plus d'un convive vous enviera, à n'en point douter.

Mais en attendant de devenir cette personne, il y a encore beaucoup de boulot. Alors pas une minute à perdre, allons-y !

1

●

Une réunion de famille oui, mais de quel type ?

Vous êtes invité, ça c'est acquis. Mais en quel honneur ? Vos hôtes ont forcément invoqué une raison plus ou moins saugrenue. Par exemple, qu'ils sont heureux et se marient. Ou encore qu'ils sont heureux et noient leur enfant dans un bénitier à l'église. Peut-être, également, sont-ils heureux que le grand-oncle Machin, votre seul et lointain parent commun, ait passé l'arme à gauche – cette maison de retraite commençait à vraiment peser sur leur budget. Quel que soit le motif, vous ne retenez que la contrainte du déplacement et du temps perdu et imaginez que la nature de l'événement importe peu ? Vous vous trompez. Avant de jeter une poignée de terre sur la mariée ou du riz sur le cercueil de Papi, lisez donc ce qui suit.

Exercice n.1 • Le mariage

En matière de réunions de famille, le mariage est une véritable institution. Quel genre d'événement est en effet plus à même de regrouper autant de personnes de tous âges et de tous milieux sociaux dans une telle communion de pensée ? Si vous avez ce livre entre les mains, vous aurez sans doute répondu : « La Coupe du monde de foot ! » Soit. Mais celle-ci n'a lieu que tous les quatre ans alors que, pour peu que vous ne soyez pas un orphelin sociopathe, vous serez invité à des mariages beaucoup plus souvent que ça. Comment dès lors être certain de passer un agréable moment, voire sourire un peu, sans pour autant faire une croix sur cette causticité qui vous caractérise si bien ?

Pour chacune des étapes incontournables d'un mariage, suivez les consignes ci–après. Attention, certaines sont à préparer en amont de la cérémonie.

1. **L'échange des consentements.** Lorsque l'officiant, se croyant dans une comédie romantique américaine, posera à l'assistance la fatidique question : « Si quelqu'un s'oppose à cette union, qu'il parle maintenant ou se taise à jamais », prenez votre plus belle voix de stentor pour signaler votre réprobation avec véhémence, puis montrez immédiatement du doigt votre plus proche voisin en prenant un air outré.

2. **Le lancer de riz à la sortie.** Munissez-vous préalablement de quelques paquets de riz de 1 kg. Quand les mariés sortiront, lancez-leur directement les paquets sans vous soucier de les ouvrir auparavant. Vous pourrez toujours arguer par la suite qu'ils portaient l'inscription « Ouverture facile » et qu'une fois n'est pas coutume, celle-ci était dénuée de tout fondement.

3. **La présentation Powerpoint.** Proposez aux mariés de vous charger de réaliser l'incontournable présentation Powerpoint qui oblige généralement tout le monde à manger son plat de résistance froid durant le dîner et donne envie de faire subir les pires sévices à ses instigateurs (ne dit-on pas d'ailleurs que la vengeance est un plat qui se mange froid ?). Récupérez alors les photos les plus indiquées pour ce type d'amusement ; la présence sur chaque image d'appareils dentaires, d'arrière-trains dénudés, d'ex-petits amis ou d'une carte de membre bienfaiteur de l'UMP fera à coup sûr son petit effet. N'hésitez pas à utiliser une police de caractères gothique verte bien illisible, et à placer le tout sur un fond turquoise lumineux. Choisissez un accompagnement musical adapté, par exemple les plus grands succès de Peter et Sloane (qui sont au nombre de... un seul ; il vous faudra donc user de la touche « Lecture en boucle »). Réunissez suffisamment de photos pour tenir deux bonnes heures. Et voila l'assistance partie pour un véritable voyage des sens, à côté duquel le Space Mountain fera bien pâle figure !

4. **La jarretière.** Vous vous êtes toujours demandé pourquoi ce jeu de la jarretière rencontrait autant de succès dans les mariages ? Sans doute parce que vos compatriotes apprécient que soient réunis argent et vulgarité ; n'est-ce pas pour cette raison que TF1 fait de si bonnes audiences ? Pour pimenter un peu l'événement, rendez-vous préalablement dans un sex-shop pour acquérir un flacon de parfum aux hormones censé exacerber les pulsions de ceux qui le respirent. En retenant votre respiration, vaporisez-en discrètement mais abondamment la jarretière de la mariée, puis allez vous asseoir pour profiter pleinement du chaos qui suivra.

Débriefons

Vous voyez, la plupart des étapes qui font qu'un mariage est un mariage peuvent être l'occasion de passer un bon moment à peu de frais, pour peu que l'on sache comment s'y prendre. N'hésitez pas à vous faire l'inventeur de nouvelles facéties, en mettant par exemple du laxatif dans le champagne, en jetant une boule de pétanque dans la soupière pleine, en photographiant le marié en posture compromettante avec une demoiselle d'honneur, etc. Tout cela éclairera à coup sûr cette bien sombre journée.

Exercice 2 • L'anniversaire de mariage

L'anniversaire de mariage est au fil du temps devenu un grand classique de la réunion de famille. Pourquoi ? me demande-rez-vous. Qu'est-ce qui peut bien pousser un couple à vouloir réunir à nouveau tous ceux qui s'étaient déjà ennuyés à leur mariage tant d'années auparavant ? « Et s'il y a eu des enfants depuis ? m'objecterez-vous avec véhémence. C'est touchant de leur faire revivre une union et de leur montrer combien l'amour peut durer longtemps. » Tant de naïveté me laisse coi. « Vous laisse quoi ? » Coi. L'exemple de deux époux ramant ensemble sur le fleuve déchaîné de la vie depuis des décennies est nettement moins parlant pour un enfant que… disons… un DVD de *Cars 2*. Faites le test, demandez-leur ce qu'ils préfèrent : l'amour éternel ou un DVD ? Vous serez surpris par tant de matérialisme. Mais brisons là et passons aux choses sérieuses.

Reliez la durée des noces à leurs noms respectifs.

1. 3 ans •   • **a.** Noces d'acajou

2. 8 ans •   • **b.** Noces d'ambre

3. 14 ans •   • **c.** Noces de mousseline

4. 19 ans •   • **d.** Noces de crêpe

5. 23 ans •   • **e.** Noces de plomb

6. 27 ans •   • **f.** Noces de cretonne

7. 33 ans •   • **g.** Noces de coquelicot

8. 34 ans •   • **h.** Noces de froment

9. 36 ans •   • **i.** Noces de porphyre

10. 39 ans •   • **j.** Noces de béryl

Résultats

Réponses : 1-h, 2-g, 3-e, 4-f, 5-j, 6-a, 7-i, 8-b, 9-c, 10-d.

Alors pour commencer, qui peut me dire ce qu'est du porphyre, du béryl ou de la cretonne ? Personne ? Bon.

Ensuite, ce classement semble avoir été conçu par nos amis bretons, car avec les « noces de crêpe » et les « noces de froment », on se croirait direct dans la rade de Brest. Nous noterons au passage les noces de mousseline (oh, purée...), de coquelicot (gentilles, mesdames) ou de plomb (sans doute en référence à l'ambiance à la maison après quatorze ans minimum de vie commune).

Bref, ce classement incite-t-il à célébrer un anniversaire de mariage ? Certainement pas. Pour sortir cette drôle d'idée de la tête des instigateurs de la cérémonie, dites-leur simplement : « Merci de m'avoir invité à vos noces de cretonne ! » Ils annuleront tout dans la seconde, pris d'étourdissement devant le cocasse de la chose.

Exercice n°3 • Le baptême

Délicat sujet que le baptême. Cela a-t-il encore une signification, dans notre époque gouvernée par la finance et la consommation, de tremper la tête des mômes dans de l'eau froide pour leur assurer une place au paradis ? Comme n'a jamais dit André Malraux : « Le XXIᵉ siècle sera religieux ou ne sera pas. » Et comme *a priori* il est, prenons-en notre parti. *Le Baptême*, donc, est le premier album studio de Matthieu Chedid, qui composera par la suite un album pour Vanessa Paradis. Tout cela a donc bien un sens. Mais êtes-vous si fort que ça en baptême ? C'est ce que nous allons voir...

Pour maîtriser quelque chose de nouveau, rien ne vaut un bon test grandeur nature. Drapez-vous de blanc et effectuez l'entraînement suivant.

1. Rendez-vous à la piscine municipale.

2. Sans vous dévêtir, immergez-vous dans l'eau (oui, car le mot « baptême » vient du grec qui signifie « immersion », bande d'ignares !).

3. Sentez la main du Tout-Puissant se poser sur vous.

4. Sentez la main du maître-nageur vous extirper de l'eau en vous hurlant au visage que seuls les maillots de bain moulants sont autorisés en ces lieux.

5. Rentrez chez vous en prenant garde de ne pas attraper froid.

Débriefons

Bon, c'est quand même bien compliqué, cette histoire de baptême. Proposez plutôt aux personnes qui vont ont invité à cette célébration la version maritime de la chose : pourquoi ne pas jeter une bouteille de champagne sur l'enfant pour le prémunir contre le mauvais sort ? Ça aurait quand même plus d'allure, non ?

Exercice n.4 • La première communion

À l'instar de Twitter, la communion fait partie de ces choses que la plupart des personnes connaissent, voire ont testé, mais dont on ne sait pas vraiment à quoi ça peut bien servir. Demandez à n'importe quel prépubère pourquoi il fait sa communion ; il vous répondra certainement : « Pour avoir des cadeaux ! » Il déchantera bien vite devant la timbale en étain ou le camée suspendu à une chaîne (attention, il ne s'agit pas ici de Pete Doherty se livrant à des pratiques sado-masochistes). L'exercice suivant va vous permettre de découvrir si vous êtes prêt pour cette bien étrange célébration.

Pour chacune des propositions suivantes, cochez si oui ou non elle vous correspond.

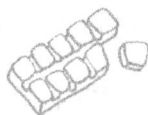

	Oui	Non
Je suis baptisé.		
Je passe souvent à la boulangerie.		
Rien de tel qu'une bonne bouteille pour accompagner un repas.		
Je me suis déjà taché avec un truc gras.		
J'adore Al Pacino dans *Le Parrain*.		

Résultats

Si vous avez coché deux « oui » ou moins, vous n'êtes définitivement pas fait pour vous rendre à une communion ou une confirmation. Et votre vie doit être fort triste, bien que ces deux éléments n'aient pas grand-chose à voir. En revanche, la plupart d'entre vous ont certainement coché trois « oui » ou plus, ce qui semble meilleur signe. Effec-

tivement, en quoi consiste la communion, si ce n'est manger du pain, boire du vin et se faire couvrir d'huile en compagnie de son parrain ? Vu sous cet angle, il apparaît qu'assister à ce type de cérémonie n'est sans doute pas moins agréable que de regarder Le Parrain *en s'empiffrant de tartines de rillettes avec un bon bordeaux pour faire descendre tout ça. Étonnant, non ?*

Exercice n°5 · Le renouvellement des vœux

Quand vous avez appris que votre cousin Christophe et son épouse Carole allaient renouveler leurs vœux, vous avez d'abord pensé qu'ils demandaient au Père Noël une Play Station pour la troisième année consécutive. Puis quand une personne plus au fait que vous des vénérables traditions vous a expliqué de quoi il s'agissait vraiment, vous avez trouvé cela fort bizarre. Vous êtes invité… Que faire ?

Pour éviter tout faux pas, faites le point en suivant les consignes ci-dessous.

Listez toutes les bonnes raisons de ne pas se marier :

_____

_____

_____

_____

_____

_____

_____

Maintenant, listez ici toutes les bonnes raisons de se marier (indice : il s'agit d'avantages fiscaux) :

_____

_____

_____

_____

_____

_____

Enfin, listez ici toutes les bonnes raisons de remettre ça :

_____

_____

(L'auteur s'excuse du peu de place accordée à cette rubrique, mais savez-vous combien d'arbres sont abattus chaque année pour fabriquer du papier comme celui qui compose cet ouvrage ? Un peu de conscience écologique, voyons !)

Débriefons

Eh oui, certaines personnes déjà mariées, non contentes d'avoir entassé une centaine de personnes dans une chapelle surchauffée avant de leur injecter des feuilletés aux saucisses cocktail et de leur faire exécuter La Danse des canards *dans une salle polyvalente miteuse dix ans auparavant, estiment qu'il ne serait pas inopportun de répéter l'expérience, juste comme ça, pour voir...*

Renouveler ses vœux, c'est un peu comme prévenir la caissière qu'elle vous a rendu trop de monnaie ou laisser sa place à des vieux dans le bus alors qu'on sait très bien qu'ils font exprès de le prendre aux heures de pointe. Bref, ça ne se fait pas si l'on a un peu le sens du bien commun.

Achetez une Play Station à vil prix sur un site d'enchères, et envoyez-la à Christophe et Carole en faisant semblant de ne pas avoir bien compris où ils voulaient en venir. Au pire, cela occupera leurs esprits embrumés, au mieux ils vous rayeront de la liste des membres de leur famille et vous n'entendrez plus jamais parler d'eux.

Exercice n° 6 • Le décès

Convenons-en, il est des occasions plus joyeuses pour réunir une famille que le décès d'un de ses membres. Toutefois, pour peu que le défunt fût un parent éloigné et que vous le connussiez finalement assez mal, le déroulement des événements peut s'avérer aussi pesant que l'imparfait du subjonctif du verbe « connaître » si brillamment utilisé dans cette phrase (non, ce n'est pas la peine d'aller vérifier). Il y a tout de même certains avantages à assister à un enterrement. Déjà, vous n'avez pas besoin de passer trois heures dans votre dressing pour décider quel coloris porter. Mais savez-vous que dans certaines cultures reculées, fort appréciées des jeunes alter-mondialistes qui feraient mieux de se laver les cheveux, le passage dans l'au-delà est un grand moment de joie pour la communauté ? Profitez de cette opportunité ethnologique et entraînez-vous à pratiquer l'exercice suivant.

Mémorisez les citations suivantes et essayez le moment venu de les caser dans une conversation avec une personne éplorée pour détendre un peu l'atmosphère. Cochez la case quand c'est fait.

« L'éternité c'est long, surtout vers la fin. » (Woody Allen) ☐

« Les décapotables, c'est trop de la balle. » (John Fitzgerald Kennedy) ☐

« Au paradis, on est assis à la droite de Dieu : c'est normal,
c'est la place du mort. » (Pierre Desproges) ☐

« Ce qui peut se passer après la mort ?... Je m'en fous : je serai mort. »
(Francis Blanche) ☐

« La mort n'est, en définitive, que le résultat d'un défaut d'éducation
puisqu'elle est la conséquence d'un manque de savoir-vivre. »
(Pierre Dac) ☐

Résultats

Attribuez-vous 1 point par case cochée, puis faites le total, ce qui ne devrait pas être bien difficile si vous avez plus de quatre ans.

De 1 à 2 points

Mouais, on ne peut pas parler d'un franc succès. Vous avez sans doute eu peur de mettre un peu d'ambiance en un moment qui ne s'y prête prétendument pas, et votre peu d'allant a laissé une impression mitigée. Nous vous laissons donc végéter en compagnie des convives affligés, qui doivent maintenant vous trouver affligeant.

De 3 à 4 points

C'est parfait : vous n'êtes pas tombé dans le piège de trop en faire et êtes désormais considéré par l'assemblée comme un soutien moral sans faille, en plus de vous être taillé une réputation de personnage flegmatique et pince-sans-rire fort apprécié. Les convives souhaitent tous ardemment qu'un autre décès intervienne prochainement pour avoir à nouveau l'occasion de se délecter de vos aphorismes réconfortants.

5 points

Vous êtes un boulet. Tout le monde vous prend pour un odieux personnage et ils ont bien raison. Car, à vouloir faire du zèle, vous avez cédé aux sirènes du challenge que représente cet exercice au lieu de garder un moment pour compatir, ce qui est quand même un peu le but d'un enterrement. Vous êtes même allé jusqu'à sortir votre décapsuleur quand on a annoncé la mise en bière ? Estimez-vous heureux s'il y a au moins un chien errant pour suivre votre corbillard quand votre heure sera venue.

Exercice 7 • Noël

Ah Noël ! Quelle belle occasion de se retrouver en famille pour célébrer la naissance du Christ et la bonne santé de la société de consommation ! Quel bonheur d'admirer le regard des enfants s'illuminant devant la montagne de papier cadeau déchiré, après avoir jeté un œil distrait aux jouets hors de prix que celle-ci emballait ! Quelle joie de se gaver de cholestérol des heures durant en se disant qu'on a bien fait de s'inscrire à la salle de sport en septembre dernier – même si on n'y est allé que deux fois. L'exercice suivant vous permettra de mettre rapidement un terme à l'esprit de Noël régnant dans le foyer, pour peut-être passer une journée normale.

Faites le test suivant puis reportez-vous aux résultats.

1. Le Père Noël est tout de rouge vêtu parce que :

a. Il est un des derniers fervents militants du Parti communiste.

b. Cela permet aux avions de repérer son traîneau plus facilement.

c. Son image a été retravaillée par Coca-Cola en 1931 pour inciter les enfants à consommer cette boisson même pendant l'hiver.

2. Si le Père Noël visitait vraiment chaque maison dans le monde en une seule nuit :

a. La police recevrait sans doute davantage de plaintes pour effraction.

b. Les fabricants de GPS le sponsoriseraient.

c. Il devrait atteindre une vitesse telle que l'énergie dégagée par le frottement de son traîneau dans l'air le carboniserait en quelques centièmes de seconde.

3. Les illuminations de Noël :

a. Font briller les yeux des petits comme des grands.

b. Donnent de la magie aux villes et aux villages de notre beau pays.

c. Consomment à elles seules la puissance d'une centrale nucléaire.

4. Le foie gras, c'est bon, mais :

a. C'est gras...

b. Il nécessite un bon vin pour l'accompagner.

c. Il faut gaver et abattre chaque année près de 38 millions de canards et d'oies pour subvenir à la consommation des Français.

5. 100 g de châtaignes :

a. C'est pile ce que je mange pour accompagner ma dinde.

b. Sentent délicieusement bon en sortant du four.

c. Représentent en calories l'équivalent de deux paquets de chips.

Résultats

Toutes les bonnes réponses sont c. C'était facile !

Maintenant, vous voici paré de quelques munitions pour ruiner l'ambiance à votre guise et pouvoir vous isoler pour regarder les savoureux bêtisiers qui tournent en boucle sur les chaînes de la TNT à cette période. Embarquez quand même quelques chocolats pour vous tenir compagnie, on ne sait jamais.

2

•

Organiser les préparatifs dans la bonne humeur

Bon. Vous savez vers quoi vous vous dirigez. Encore vous faut-il déterminer comment, avec qui et avec quoi. Veillez à prévoir une place dans la voiture, dans le train ou l'avion pour votre chien et à prêter les clés aux voisins pour qu'ils viennent nourrir vos enfants – ou l'inverse, vous confondez toujours. En résumé, vous devez vous organiser. Non, ça n'est pas un gros mot. On vous aide.

Exercice n°8 • L'annonce de la réunion

Ça y est, vous êtes piégé, vous avez accepté l'invitation. Loin de vous réjouir, la perspective de cette réunion de famille vous donne envie de hurler. Avec votre emploi du temps surchargé (boulot, enfants, séries américaines téléchargées illégalement à finir de regarder, bières à boire, etc.), vous n'avez pas du tout envie de mobiliser le moindre week-end pour vous coltiner des discussions insipides avec un tas de vieux croulants.

Imprimez le diagramme ci-dessous. Collez-y les photos des membres de votre famille que vous redoutez le plus de revoir (ou notez leur nom et leur position dans votre arbre généalogique). Accrochez cette œuvre au mur et lancez quelques fléchettes ou boulettes de papier mâché.

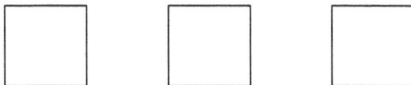

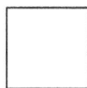

Débriefons

Cet exercice, en plus de son effet relaxant, vous permettra de relativiser les choses. En effet, les concepteurs de cette méthode ont volontairement donné au diagramme une forme de pyramide inversée pour que vous puissiez inconsciemment classer vos bêtes noires par ordre de dégoût. Les personnes figurant dans les deux lignes supérieures seront a priori les plus simples à gérer, car vous n'avez finalement que peu de griefs à leur opposer. En revanche, il en va autrement de la personne qui se situe tout en bas. Foncez relire la table des matières de ce guide, trouvez-y cette personne et n'ayez de cesse, jusqu'à la date fatidique, de répéter encore et encore le brillant exercice proposé.

Exercice n° 9 • La réception du faire-part

Ah, le faire-part ! Déjà, si vous en avez reçu un, c'est que la réunion de famille qui s'annonce est un événement majeur. On n'en envoie pas pour convier les gens à célébrer un vieux truc tout pourri, du style adoption d'un chaton, obtention d'un permis de chasse ou victoire à un concours de tuning. Dans la grande majorité des cas, le faire-part ne sera pas du tout à votre goût. Hormis la recherche de fautes d'orthographe qui est toujours un moment de joie, vous critiquerez à coup sûr le texte bidon ou les motifs ringards. Pour peu que vous fassiez partie de la communauté des graphistes-qui-se-la-jouent-avec-leur-Mac, vous trouverez aussi à redire quant au choix des typos et au manque de cohérence visuelle de l'ensemble. Voici un petit exercice qui vous permettra de savoir si, oui ou non, la médisance est de mise.

Pour chaque proposition, notez si celle-ci prête à la moquerie la plus vile.

Contenu du faire-part	Moquerie
« Jonathan et Jennifer ont la joie de vous inviter à partager leur bonheur, etc. »	
« Mon grand frère Kévin et ma grande sœur Jessica sont heureux de vous annoncer ma naissance ! »	
« Vous êtes convier à partagé ce moment d'alégraisse... »	
« C'est que du bonheur ! »	
« Nous échangerons nos promesses d'amour et de fidélité... »	
« La chrysalide de notre amour s'est transformée en sublime papillon... »	
« Un vin d'honneur sera servi à 17 h en la salle Jean Lefebvre de Pontault-Combault. »	

Résultats

Avouez-le, vous avez répondu « oui » à toutes les propositions, et sans doute même rendu votre dîner juste après. Mais un bon faire-part n'est pas facile à concevoir. Trop classique, on lui reprochera une abondance de clichés et de niaiserie. Trop original, les invités penseront que quelque chose de plus classique aurait été de meilleur aloi. Trop simple, on peut le confondre avec une convocation à la gendarmerie. Trop ampoulé, les invités les moins bien lotis intellectuellement ne le comprendront pas. La meilleure des choses à faire quand vous recevez un faire-part, si vous voulez conserver un peu de respect pour les personnes qui vous l'ont envoyé, est donc de le jeter simplement à la poubelle. Cette technique éprouvée permet en outre de feindre de n'avoir rien reçu et peut-être même d'échapper à l'événement en question. C'est ce que l'on appelle du gagnant-gagnant, non ?

Exercice n°10 • L'achat d'un cadeau

Difficile affaire que l'achat d'un cadeau. C'est pourtant une étape indispensable : vous ne pouvez bien entendu pas arriver les mains vides sur le lieu de la fête. Et les paramètres sont nombreux : état de votre compte en banque, degré de proximité avec les hôtes, âge de ceux-ci... Renseignez-vous au préalable sur leurs goûts. Pour ce faire, consultez des personnes plus proches que vous des organisateurs ou, si ces derniers ont moins de 14 ans, rendez-vous sur la page Facebook où ils livrent les moindres détails de leur misérable existence. Notez toutefois que cette dernière solution est rarement viable, les moins de 14 ans organisant relativement peu de réunions de famille. Si vous préférez malgré tout choisir un cadeau par vous-même, l'exercice suivant vous montrera la voie.

Reliez chaque cadeau de la première colonne à la personne à qui il est selon vous destiné.

1. Gourmette •	• **a.** Grand-père	•
2. Cuillère en argent •	• **b.** Jeune communiante	•
3. Mobile •	• **c.** Parents	•
4. Pendentif •	• **d.** Futurs mariés	•
5. Gilet en jacquard •	• **e.** Enfant	•
6. Batterie de casseroles •	• **f.** Bébé	•
7. Week-end en Relais-Château •	• **g.** Jeune communiant	•
8. Joli chapeau •	• **h.** Grand-mère	•

Résultats

Réponses : 1-g, 2-e, 3-f, 4-b, 5-a, 6-d, 7-c, 8-h.

Mais comme tout cela manque d'originalité ! Tout le monde va avoir la même idée que vous ! Heureusement, c'est ici que cette troisième colonne, dont vous vous êtes dit « C'est quoi cette colonne qui sert à rien ? » il y a moins de cinq minutes (si, vous vous l'êtes demandé, ne mentez pas !), va être utile. Notez-y toutes les idées que vous dicte votre esprit torturé (vibromasseur pour la communiante, amphétamines pour le bébé…). Puis relisez ces notes quelques jours plus tard. Vous vous apercevrez que le manque d'originalité a du bon et qu'offrir une cravate à votre grand-père, à défaut de lui faire plaisir et de vous introniser roi de l'événementiel, n'est finalement pas si mal…

Exercice n°11 • La recherche d'un hébergement

À moins que ce ne soit vous qui l'organisiez, une réunion de famille vous oblige souvent à subir plusieurs heures de voiture ou de train (ou d'avion, pour les plus nantis d'entre nous) pour vous y rendre. Et qui dit location éloignée dit nécessité de dormir sur place (si, si, ça dit ça...). Et dormir sur place impose de trouver une chambre potable à moins de vingt kilomètres de la salle des fêtes Frank Michael de Brinon-sur-Sauldre. Bien entendu, cette dernière assertion n'est valable que si la réunion de famille est organisée dans la délicieuse bourgade de Brinon-sur Sauldre dont le caquetoire ceignant l'église assure la renommée depuis le XVIe siècle, mais je sens que nous nous égarons. La plupart des invités ne comptent pas faire du camping et, comme d'habitude, vous êtes grave à la bourre, comme disait Aragon (ou était-ce Joey Starr, je ne me souviens plus).

Suivez les étapes ci-dessous pour dénicher le nid douillet qui vous accueillera au soir du grand jour (ne serait-ce pas un oxymore ?).

1. Repérez sur une carte la localisation précise de la rencontre, puis dirigez votre regard sur une grande ville digne de ce nom à proximité. Par exemple, dans le cas de Brinon-sur-Sauldres, ce serait... Ah ben non, y en a pas ; rendez-vous directement à l'étape 3...

2. Passez une soirée au téléphone pour contacter les réceptions des hôtels de cette grande ville, sans oublier de sourire en parlant pour faire croire que vous êtes gentil (attention, cela deviendra plus difficile quand vous essuierez votre dixième refus d'affilée).

3. Passez une seconde soirée au téléphone pour contacter les chambres d'hôtes sises au cœur de la campagne environnant le lieu de la réunion. Rappelez-vous au passage que dans une chambre d'hôte, vous êtes souvent obligé de prendre vos repas avec les propriétaires ; est-ce vraiment ce que vous souhaitez pour votre santé mentale ?

4. Passez une troisième soirée au téléphone pour contacter les gîtes ruraux, auberges de jeunesse, propriétaires de granges, etc. Espérez que vos interlocuteurs en ces lieux reculés n'ont pas un accent trop prononcé ; un malentendu est vite arrivé.

5. Filez dans un magasin de sport et faites l'acquisition d'une tente et d'un duvet. Si vous venez en voiture, la tente n'est pas indispensable et cela vous évitera un montage fastidieux. Et vous aurez en plus du chauffage et de la musique ; elle est pas belle, la vie ?

Débriefons

Il faut impérativement réfléchir à la question du logement dès que vous avez reçu votre invitation et que vous connaissez la date et le lieu de l'événement. Vous vous doutez bien que quand soixante invités se battent pour une place dans l'un des deux hôtels miteux de la région, mieux vaut s'y prendre parmi les premiers. D'autant que certains réservent aussi pour les plus âgés, estimant certainement que ces derniers ne sauraient dormir dans des conditions précaires ; ils ont pourtant connu une, voire deux guerres mondiales, non ? Si vraiment vous vous y êtes pris trop tard, il reste malgré tout une solution simple : l'usurpation d'identité. En effet, dans « réunion de famille » il y a « famille » et vous êtes tous un peu censés avoir le même nom, si l'on y réfléchit deux secondes. Rendez-vous à la première heure du jour J dans l'un des hôtels proches du lieu de la réunion et annoncez : « J'ai réservé une chambre au nom de [énoncez ici votre ridicule patronyme].» Ce sera bien le diable s'il n'y en a pas une effectivement réservée. À vous le minibar !

Exercice n°12 • Le voyage en voiture

Quand faut y aller, faut y aller, comme disent les habitants de Fort-de-France (si vous ne savez pas pourquoi ils disent ça, consultez le dictionnaire le plus proche). Vous démarrez la Volvo et appuyez sur l'accélérateur avec l'enthousiasme d'un condamné montant les marches de l'échafaud. Votre destination ne figure même pas dans le GPS, c'est dire si les restos et le shopping sont mal barrés pour le week-end. Mais faites contre mauvaise fortune bon cœur en vous plongeant dans l'exercice suivant.

Effectuez dans l'ordre chacune des actions suivantes pour passer le temps en oubliant ce qui vous attend.

1. Sortez votre fidèle CD de Trust et écoutez *Antisocial* en chantant par-dessus.

2. Mettez une nouvelle fois *Antisocial* en chantant par-dessus, et jouez le solo en *air guitar* en lâchant le volant, au mépris de toutes les règles de la sécurité routière.

3. Si vous avez réussi l'action précédente, ré-agrippez-vous tout de suite au volant avant qu'un malheur n'arrive. Si vous avez échoué, peut-être, avec un peu de chance, avez-vous été blessé dans l'accident, ce qui vous fait une bonne excuse pour décommander et rentrer chez vous.

4. Arrêtez-vous dans une station-service pour acheter un sandwich salami-beurre, et mangez-le en entier sous le regard admiratif de la foule s'agglutinant pour assister à cet exploit. Si vous tentez le diable en consommant un café du distributeur et en venez à bout, sans doute le sexe opposé vous jettera-t-il même quelques sous-vêtements sous le coup de l'enthousiasme.

5. Appelez Autoroute FM (107.7) pour signaler des événements dangereux (prothèse mammaire géante sur la voie de droite), rigolos (cadavre de scout sur une aire de repos) ou inattendus (touriste allemand bien coiffé). Écoutez ensuite à la radio si votre comportement civique a porté ses fruits.

6. Essayez de vous souvenir si vous avez fermé le gaz avant de partir.

Débriefons

Eh oui, comme l'a montré une étude du Stockholm Institute of Useless Stuff, vous êtes, comme 95 % des automobilistes partant en vadrouille, bien infoutu de vous rappeler si oui ou non vous avez fermé ce maudit gaz. Le mieux ne serait-il pas de faire demi-tour pour vérifier, quitte à annuler ce week-end si prometteur ?

3

●

Survivre aux moments clés

Ça y est : le grand jour est arrivé et vous apercevez au loin l'église / la salle des fêtes / la gigantesque maison de votre cousin dont il a hérité de votre grand-mère alors qu'il n'avait rien fait pour la mériter – non, vous n'êtes pas envieux du tout. Vous voici donc dans les starting-blocks pour ce parcours constitué invariablement des mêmes étapes. Si on les connaît à l'avance, à quoi bon les passer ? me demanderez-vous. Voyons ! L'athlète se questionne-t-il sur l'intérêt des haies dans la pratique de la course d'obstacles ? Probablement pas. Alors préparez-vous à sprinter et sauter.

Exercice n°13 • L'accueil le jour J

Vous vous garez devant la maison familiale où sont déjà stationnées des voitures que vous ne reconnaissez que trop bien, en particulier la 2CV moisie de Tonton Eugène à bord de laquelle vous avez failli perdre la vie quelques années plus tôt.

L'appréhension croît au fur et à mesure que vous claquez les portières, extirpez les enfants de leurs sièges bébé et vous dirigez vers la porte à travers laquelle s'échappent des voix familières mais néanmoins angoissantes. Le test suivant vous indiquera comment réagir face à la meute des invités.

Pour chacune des questions suivantes qu'on ne manquera pas de vous poser, que répondriez-vous spontanément ?

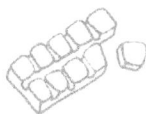

1. « Tu n'as pas un peu maigri ? »

● « Non. »

▪ « Si, c'est un effet secondaire de toute l'héroïne que je m'injecte. »

◆ « Je ne pense pas, mais toi, Tati, tu es toujours aussi resplendissante ! »

2. « Alors comment ça se passe au travail ? »

◆ « Même si je ne ferai pas fortune dans cette entreprise, je m'y épanouis totalement et gagne largement de quoi subvenir aux besoins de ma famille. »

● « Bien. »

▨ « Moi, au moins, je ne vis pas aux crochets de la société ! »

3. « Comme les enfants ont grandi ! »

▨ « On ne peut pas dire la même chose de toi, vieux croulant. »

◆ « Et plus ils grandissent, plus le bonheur que je ressens à leur contact est immense ! »

● « Oui. »

4. « Depuis combien de temps ne s'est-on pas vus ? »

● « Chais pas... »

◆ « Depuis deux semaines, mais j'ai l'impression que ça fait une éternité, tu m'as tellement manqué ! »

▨ « Sûrement pas assez, en tout cas. »

5. « Vous avez fait bon voyage ? »

◆ « Cela s'est merveilleusement déroulé. Et le restaurant Flunch de l'aire de repos de Vierzon-Nord est toujours aussi délicieux. »

▨ « Si passer quatre heures dans une boîte en métal avec deux mômes qui hurlent et une passagère qui écoute Enrico Macias sur l'autoradio est une bonne chose, alors oui. »

● « Oui. »

Résultats

Majorité de ▨

Vous semblez un peu sur la défensive et essayez de le dissimuler derrière un humour que d'aucuns qualifieraient de caustique. Attention, certaines personnes pourraient ne pas maîtriser cette subtilité et vous trouver grossier, voire un peu méchant. Pour éviter ce malentendu, dirigez-vous d'un pas décidé vers le bar et buvez un ou deux whiskies pour retrouver de meilleures dispositions.

Majorité de ●

Vous donnez l'impression de ne pas avoir très envie de parler. Or, il est normal que des personnes que vous n'avez pas vues depuis longtemps s'enquièrent de ce qui s'est passé dans votre existence entre-temps. Deux options s'offrent à vous. La première : répondez brièvement certes, mais relancez la conversation en ajoutant un « Et toi ? » qui marquera votre intérêt pour votre interlocuteur. La seconde, dirigez-vous d'une démarche assurée vers le bar et buvez une ou deux vodkas-pomme pour délier votre langue.

Majorité de ◆

Vous vous débrouillez très bien et savez instinctivement gérer cette première épreuve, bravo ! Attention toutefois, si vous prononcez ces répliques sans aucun second degré, certains invités pourraient vous trouver un peu fayot, voire carrément débile.

Exercice n°14 • La cérémonie

Il n'est certes pas obligatoire d'avoir quelque chose à célébrer pour qu'une réunion de famille soit organisée. Mais c'est tout de même hélas souvent le cas. Qu'il s'agisse d'un mariage, d'une communion, d'un anniversaire important, d'une bar-mitsvah, etc., les quelques règles à suivre pour supporter ce moment sont invariablement les mêmes. L'exercice suivant va vous aider à vous les approprier.

Piochez dans la liste ci-dessous les activités possibles lors de la cérémonie à laquelle vous assistez.

1. Trouvez un partenaire. Sélectionnez tous les deux un mot qui risque de se présenter plusieurs fois (par exemple « béni » si vous vous trouvez dans une église, « gâteux » si vous assistez à un quatre-vingtième anniversaire...) et posez à portée de main une pièce de deux euros. Dès que vous entendez prononcer le mot choisi, précipitez-vous sur la pièce. Le premier qui la saisit gagne un point. L'autre doit boire une gorgée de la flasque de vodka que vous avez eu la bienséance d'apporter.

2. Si la cérémonie est présidée par quelqu'un (un parent, un religieux, un GO du Club Med...), ajoutez mentalement à chacune de ses phrases débutant par l'adverbe « où » la truculente locution « dans ton cul ». Exemple : « Où sont passés nos rêves d'antan ? — Dans ton cul. » Les plus téméraires pratiqueront cette activité à haute et intelligible voix pour constater combien l'effet sur l'assemblée est surprenant.

3. Dans la même veine, vous pouvez aussi terminer chaque phrase par un désopilant « en slip ». Exemple : « Voulez-vous prendre pour époux Kévin ici présent (en slip) ? »

Débriefons

Vous constaterez qu'à l'aide de ces occupations et d'un mouchoir posé sur votre amour-propre, la cérémonie la plus glauque peut devenir un moment de totale marrade. Si vous apercevez d'autres personnes qui ont l'air de s'ennuyer autant que vous (quoique l'on puisse sincèrement se demander si c'est réellement possible), n'hésitez pas à les entraîner avec vous sur cette pente ; vous passerez assurément tous un moment enchanteur. Vos voisins, non.

Exercice n°15 • Le cocktail

Quelle joie de se tenir debout pendant une bonne heure sous un soleil de plomb, entouré de hurlements d'enfants, de vieux sourdingues et d'amateurs de football ! Heureusement que vous tenez dans les mains une coupe rafraîchissante et une assiette de petits fours. Enfin, pas si heureusement que ça car, sauf si vous êtes né près de Tchernobyl en 1986, il ne vous reste pas de main pour fumer une clope et que vous en auriez bien besoin pour vous détendre. L'exercice suivant vous aidera à gérer cette situation.

Profitez des vacances qui précèdent la réunion de famille pour effectuer les tâches suivantes.

1. Réservez un billet d'avion pour le Brésil, faites vos valises, et envolez-vous.

2. Attachez-vous les services d'un guide et demandez-lui de vous emmener au cœur de la forêt amazonienne.

3. Tournez à droite, traversez le petit pont de bois si cher à Yves Duteil, puis suivez le sentier qui part à gauche sur une centaine de kilomètres.

4. Une fois arrivé, dites bonjour à Raoni, le chef des Kayapos. Vous pouvez lui fredonner une chanson de Sting en signe d'amitié, ils sont très potes tous les deux.

5. Hallucinez devant la taille des plateaux que les gens de ce peuple portent accrochés sous leur lèvre inférieure.

6. Faites-vous installer un tel plateau, aussi appelé « labret », sous la lèvre.

Débriefons

Le labret n'est étonnamment pas considéré comme un ornement très esthétique dans nos contrées. Pourtant, vous pouvez maintenant y poser votre verre, ce qui vous dégage une main pour tenir votre cigarette. Ces peuples d'Amazonie sont décidément pleins de ressources ! D'autant que ce plateau fraîchement installé pourra vous être utile en maintes autres occasions : plateau télé, plateau de fromages, plateau de fruits de mer, etc. Cela dit, vous pourriez aussi arrêter de fumer.

Exercice n°16 • La découverte du plan de table

Et voilà : le gros de l'événement est passé, l'apéritif consommé… Reste le moment que tous les convives attendent : le repas ! Et qui dit repas de réunion de famille dit rester coincé à table pendant des heures. Autant donc rechercher la meilleure compagnie possible. Seulement, vos hôtes ont fait du zèle et ont perdu des jours à définir le plan de table ultime qui satisfera chacun. Malheureusement, comme professe l'adage rendu célèbre par Marc-Olivier Fogiel : « On ne peut pas plaire à tout le monde » ; effectivement, en déchiffrant les étiquettes manuscrites jouxtant la vôtre, vous vous dites que la vieille sagesse populaire a raison. Comment déjouer ce plan de table maléfique ? Essayez ce qui suit.

Choisissez ci-dessous la solution la plus adaptée à votre situation, puis suivez les étapes.

☐ **Le repas a lieu en extérieur.**

Aux grands maux les grands remèdes : utilisez un hélicoptère. Mais oui, pourquoi ne pas y avoir pensé plus tôt ? Ce que vous pouvez être tête de linotte !

Demandez à votre pote Jérémy, qui exploite des enfants chinois pour le compte d'une grosse multinationale, d'emprunter pour le week-end celui de sa boîte, sous le fallacieux prétexte d'un aller-retour rapide à Gstaad pour profiter de la neige tombée en abondance la semaine précédente (ou tout autre prétexte peut-être moins dépendant des conditions météo helvétiques).

Intimez-lui de venir stationner nonchalamment la bête à proximité de la table si bien dressée.

Le vent dégagé par les pales en mouvement sera à coup sûr suffisant pour faire s'envoler les cartons nominatifs et, plutôt que de tout refaire, sans doute les gens seront-ils invités à s'asseoir plus ou moins où ils veulent.

Si vous disposez ne serait-ce que de quelques neurones en état de marche, vous aurez deviné que la technique de l'hélicoptère, bien qu'éprouvée par de nombreuses personnes, au premier rang desquelles Daniel Balavoine, ne fonctionnera que rarement en intérieur, la porte d'entrée n'étant souvent pas suffisamment large pour faire passer l'engin. Pour contourner le problème, vous pouvez au choix :
• mettre la ventilation à fond,
• créer un courant d'air en ouvrant en grand toutes les fenêtres,
• obtenir un coup de grisou en saturant l'atmosphère de méthane et en craquant « accidentellement » une allumette,
• annoncer à la cantonade une catastrophe imminente (début d'incendie, prise d'otages, arrivée à l'improviste de Mimi Mathy...) puis la démentir immédiatement pour que les convives soufflent tous de soulagement.
Le résultat devrait approcher de manière saisissante celui obtenu avec la solution précédente.

Débriefons

Ça y est ! Grâce à votre intervention, tout le monde a pu s'asseoir là où il voulait vraiment. Qu'il est bon de passer un moment entouré de gens que l'on apprécie ! Vous pouvez pousser le vice jusqu'à demander aux invités la confirmation qu'ils profitent bien tous d'une compagnie agréable, puis aller prévenir vos hôtes que leur plan de table initial était vraiment foireux.

4

●

Affronter le menu
avec dignité

Vous voilà donc à table. Officiellement, pour manger. Officieusement, ne vous attendez pas à éprouver un quelconque plaisir gustatif : si les réunions de famille étaient des instants d'extase culinaire, ça se saurait. Là, il s'agit plutôt de commensalité – vous pouvez lâcher ce mot et vous étendre sur son étymologie pour briller dans la conversation. Toutefois, cela ne vous dispensera pas de devoir vous sustenter, du moins de faire semblant ; voici comment procéder.

Exercice 17 • L'entrée

L'entrée en dit souvent long sur la suite du repas. Quelques carottes râpées baignant dans une vinaigrette jaunâtre n'augurent la plupart du temps rien de bon. Une tranche de foie gras tartinée de caviar non plus, parce que ça doit avoir un goût drôlement bizarre. « Ni trop ni trop peu » est ici le maître mot, bien qu'il en contienne plusieurs. Une entrée digne de ce nom se doit d'être joliment présentée, pas trop copieuse et équilibrée. Bref, il faut qu'il vous reste de la place pour la suite, et si possible pas parce que vous aurez tout vomi avant le plat principal. L'exercice suivant vous permettra de faire le point.

Reliez chaque entrée à ce qu'il convient d'en penser.

1. Salade de betteraves •

2. Émulsion déstructurée et son écume lactée •

3. Saumon fumé, aneth et citron •

4. Ronde des crudités •

5. Ronde des charcuteries •

6. Foie gras et pain brioché •

a. « Je vais passer une semaine avec la peau grasse... »

b. « La classe ! »

c. « Berk, ça me rappelle la cantine du collège. »

d. « Mmmm, voilà qui est bon et rafraîchissant. »

e. « Hein ? »

f. « Ils se sont pas cassés, dis donc... »

Résultats

Comme nous le disions en introduction, une entrée se doit d'être simple dans sa réalisation et de présenter en quantité raisonnable des ingrédients de qualité. Ce qui disqualifie malheureusement 95 % des traiteurs, qui essayent à tout prix de fourguer des préparations hasardeuses sous couvert de cuisine gastronomique (notons au passage que dans « gastronomie », il y a « gastro »). Si l'entrée vous plaît et que vous êtes certain qu'elle ne plombera pas votre estomac pour la suite du repas, c'est parfait. En revanche, si vous appréciez l'entrée mais la jugez trop copieuse, ou si vous ne la trouvez pas du tout à votre goût, repérez un convive en surpoids (n'importe quelle personne originaire de Picardie fera l'affaire) et proposez-lui de terminer votre assiette. Le glouton s'empressera d'accéder à votre demande. Vous vous ferez un nouvel ami (picard, certes ; on fait avec ce qu'on a…) et vous ne donnerez pas à vos hôtes l'impression de gâcher une précieuse nourriture.

Exercice n°18 • Le plat de résistance

Comme il porte bien son nom, et pas seulement parce qu'il semble avoir été cuisiné durant la Seconde Guerre mondiale ! Lors d'une réunion de famille, il n'est pas rare en effet que votre organisme doive lui aussi faire preuve de beaucoup de résistance pour assimiler ce mets à l'énoncé pompeux et à l'allure bien peu engageante. L'exercice suivant vous permettra de vous tirer de ce mauvais pas avec le brio qui vous est désormais coutumier.

Le cercle ci-dessous figure votre assiette vide. Dessinez à l'intérieur le plat que vous avez sous les yeux, puis coloriez-le à l'aide de ce que ce dernier contient (graisse brûlée, sauce à la couleur étrange, purée de potimarron, etc.).

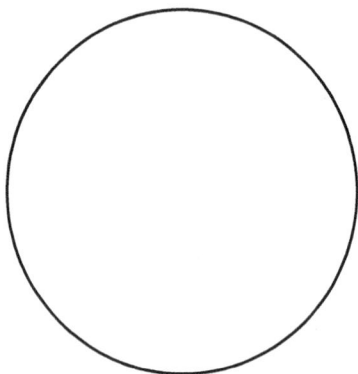

Débriefons

Une fois votre dessin réalisé et colorié, vous vous apercevrez sans doute qu'il renouvelle littéralement l'art contemporain par son trait décidé et ses couleurs chamarrées. Découpez-le alors suivant les pointillés, en vous étant au préalable assuré d'avoir déjà fait l'exercice qui se trouve au verso de la page (bien sûr, si vous avez peur d'abîmer votre livre, n'hésitez pas à en acheter un autre pour l'occasion).

Votre œuvre en main, allez fièrement la montrer à quelques convives subjugués, en leur expliquant que vous vous destinez à une carrière dans l'expressionnisme abstrait. Fascinés par la théorie de l'action painting, vos interlocuteurs vous retiendront à n'en point douter suffisamment longtemps pour que la table ait été débarrassée en votre absence. Le tour est joué !

Exercice n°19 • Le dessert

Avouons-le tout de go : hormis le sempiternel gâteau au chocolat, rares sont les desserts qui font l'unanimité parmi nos concitoyens. Et, étrangement, lors des réunions de famille, les desserts sont toujours tellement élaborés qu'il y a systématiquement un ou plusieurs ingrédients que vous n'aimez pas. Boule de glace à la pastèque, morceaux d'écorce d'orange, crème de menthe : autant de petits plus que le pâtissier s'est ingénié à utiliser en croyant faire plaisir, mais qui transforment le plus délicieux des mets en magma acide et indigeste. Alors comment y échapper ?

Suivez le programme ci-dessous étape par étape.

1. Au cours d'une bucolique promenade en forêt, munissez-vous de gants et ramassez quelques orties.

2. Prenez rendez-vous chez un allergologue pratiquant un tarif conventionné ; le rapport coût/efficacité de cet exercice n'en sera que meilleur.

3. Quand le praticien vous pique avec des échantillons divers (fruits, acariens, saucisses cocktail...), frottez-vous discrètement mais énergiquement le bras avec les orties que vous aurez pris soin d'apporter dans votre baise-en-ville. S'il vous pique avec un morceau de Côte d'Or aux noix de pécan caramélisées, abstenez-vous.

4. Ressortez fièrement du cabinet avec à la main un certificat médical mentionnant que vous êtes allergique à toutes les substances de la planète, sauf au chocolat.

5. Brûlez les bords du certificat à l'aide de la flamme d'une bougie pour lui donner un aspect vieilli. Si vous vous ratez et que le certificat se consume entièrement, reprenez à l'étape 2, avec si possible un autre allergologue. Attention toutefois, les médecins spécialistes conventionnés ne sont pas légion dans la région hostile que vous habitez.

6. Quand le dessert arrive sur la table le jour de votre réunion de famille, sortez votre certificat médical et demandez à vos hôtes s'il n'y aurait pas un petit morceau de gâteau au chocolat qui traînerait en cuisine.

Débriefons

Pour citer l'une des plus ardentes philosophes féministes de ce début du XXIe siècle, Dora l'exploratrice : « C'est gagné ! »

Exercice n°20 • Note sur un potentiel abus d'alcool

Réunion de famille est certes synonyme de moments de joie et d'émotion, mais surtout de bonnes bouteilles ouvertes pour l'occasion. Et comme en matière de vins et spiritueux vous avez une nette tendance à l'exagération, vous vous dites qu'il serait vraiment dommage de ne pas profiter de tout ce jus de raisin fermenté coulant à flots dans votre verre. Mais n'oubliez pas que réunion de famille est aussi synonyme de journée interminable ! Or ce ne sont pas vos amis qui vous entourent (eux vous ont déjà vu dans des états assez catastrophiques, il faut bien l'admettre), mais de respectables parents devant lesquels il vaut mieux toujours faire bonne figure si vous ne voulez pas être renié. L'exercice suivant vous aidera à passer outre à la tentation éthylique.

La veille de la réunion, veillez à suivre ces étapes dans l'ordre.

1. Buvez un peu d'huile d'olive pour en tapisser votre estomac et éviter que l'alcool ne passe dans votre sang en trop grande quantité.

2. Veillez à bien vous hydrater en buvant deux litres d'eau dans la journée.

3. Faites le plein de calcium en buvant un litre de lait.

Débriefons

Vous devriez être paré pour négocier un taux d'alcoolémie record dans les meilleures conditions quand le grand jour sera arrivé. Le souci, c'est qu'avec tout ce que vous aurez bu la veille, vous n'aurez sans doute plus très soif et que le mélange huile + lait vous aura peut-être un peu barbouillé. Les messages de prévention nous affirment que la meilleure chose à faire est de consommer de l'alcool avec modération. Paraphrasons l'un des écrivains qui ont révolutionné la littérature du XXIe siècle : et si c'était vrai ?

Exercice n°21 • Le café

À l'instar du café, ce mini-exercice vous permettra de clore en beauté à la fois cette étape de la journée et cette partie du livre.

Quand on vous proposera un café après le dessert, n'oubliez pas de répondre poliment.

« Non merci, seulement après un bon repas. »

5

•

Braver ses voisins de table

Jusqu'ici, tout va bien. La petite bourgade choisie par vos hôtes se révèle finalement apaisante, le repas a le mérite de caler votre estomac, peut-être même gérez-vous très bien les boissons. Vous vous laisseriez presque aller à vous sentir bien. Mais voilà, le pire est encore devant vous : la conversation avec ces êtres qui vous entourent, en trop grand nombre très certainement, que vous connaissez depuis toujours pour certains... Vous n'avez jamais rien eu à leur dire, mais ils insistent pour vous faire parler ou entrer en relation avec vous. Petite revue de leurs méthodes de tortures... et des moyens de s'en sortir.

Exercice n°22 • Le grand-oncle sourdingue

« Tonton, tu peux me passer le sel ?

— Bien sûr que j'aime Sacha Distel ! »

Et d'entonner bruyamment une version approximative des *Scoubidous*, en postillonnant au passage sur vos frites qui n'en demandaient pas tant. Le grand-oncle sourdingue est un incontournable de la réunion de famille. Même s'il est tout à fait sympathique et que vous avez de bons souvenirs de l'époque où son audition tenait encore à peu près la route, se trouver à table à ses côtés n'a désormais rien d'une partie de plaisir. Alors comment vous préparer à cette situation ?

Durant les quinze jours qui précèdent le grand événement, suivez les étapes ci-dessous. Matériel nécessaire : un CD de Barry White.

1. Répétez les phrases suivantes au moins vingt fois tous les soirs (après vous être lavé les dents ; la tâche serait encore plus ardue avec un bout de saucisson coincé entre deux molaires) :

« Trois tortues trottaient sur trois toits très étroits. » (Eh oui, le sens global n'est pas le point fort des phrases de diction...)

« Suis-je bien chez ce cher Serge ? » (La remarque précédente s'applique là encore, sauf bien sûr si vous connaissez un Serge, que vous l'aimez bien, mais ne savez pas exactement où il réside.)

« Nous ne nous désolidariserons pas. » (Cette dernière n'a l'air de rien, mais essayez quand même pour voir... Ah, on fait moins le malin !)

2. Toujours devant la glace, parlez en exagérant les mouvements de vos lèvres. N'ayez pas peur du ridicule, vous le serez certainement de toute façon.

3. Mettez votre CD de Barry White. Puis essayez de chanter sur les morceaux jusqu'à ce que cette gamme de fréquences vous devienne naturelle.

Débriefons

Déjà que Papy a du mal à entendre, ce sera encore pire s'il éprouve des difficultés à vous comprendre. La première chose à faire est donc de travailler votre articulation.

Une fois cette première étape franchie avec brio, vous vous attaquerez à faciliter la lecture labiale de votre interlocuteur fossile. En effet, il ne suffit pas d'avoir une diction parfaite. Vous aurez beau savoir prononcer vingt fois de suite « L'abeille coule » sans vous tromper, si vos lèvres ne bougent pas suffisamment, cela ne vous sera pas d'une grande aide auprès de l'aïeul.

Diction, mimiques, c'est bien, mais ce n'est pas tout. Encore faut-il, enfin, apprendre à poser votre voix. En effet, le troisième âge présente le plus souvent une déficience auditive dans les fréquences aiguës, un peu comme les rock stars, les adeptes de l'iPod à donf et les conjoints de cantatrices. Malheureusement, la technique Barry White fonctionne assez mal pour la gent féminine, qui se verra obligée pour atteindre un résultat probant d'acheter un best-of de Patricia Kaas. Et une chose pareille n'est-elle pas inconcevable dans une société civilisée ?

Exercice n°23 • La vieille tante très riche

La plupart des membres de votre famille la détestent, mais tous veulent être dans ses petits papiers. Veuve d'un ancêtre ayant connu un grand succès dans le marché noir durant la Seconde Guerre mondiale, cette aïeule roule sur l'or mais n'en fait selon une opinion communément répandue pas suffisamment profiter ses descendants, dont vous faites partie bien entendu. Et vous avez aujourd'hui l'occasion rêvée de vous faire apprécier, voire de glaner quelques compliments sonnants et trébuchants. Il serait dommage de rater cette opportunité ; voici comment vous préparer.

Prévoyez quelques semaines pour réaliser les actions suivantes.

1. Déposez à la préfecture de votre domicile les statuts d'une association à but non lucratif dont la cause est d'obtenir la sanctification de Liliane Bettencourt. Il siéra sans doute à votre ancêtre que vous vous occupiez de personnes âgées et peut-être vous fera-t-elle un don.

2. Suivez un entraînement intensif visant à complimenter les personnes de plus de 70 ans. Pour cela, rien de mieux que de s'inspirer du maître en la matière, Michel Drucker, dont vous vous régalerez des émissions dominicales plusieurs semaines durant. L'invitée la plus jeune de la saison dernière était Line Renaud, vous avez donc de quoi faire.

3. Révisez vos bonnes manières à table. Les vieux, riches qui plus est, sont très au fait des règles de bienséance et il serait dommageable que vous vous comportiez comme un rustre. Proscrivez tout ce qui consiste à mettre ses coudes sur la table, couper sa salade ou roter en signe de satiété.

Maintenant que vous savez fayoter comme personne auprès des vieilles rombières, n'oubliez pas une chose : « On ne prête qu'aux riches. » Tati aurait-elle envie de dilapider ses billets pour un semi-clodo qui foncerait à l'épicerie acheter de la piquette ? Bien sûr que non. N'hésitez pas à exagérer votre situation financière et professionnelle pour briller à ses yeux. Se faire passer temporairement pour un ténor de la finance ou du barreau n'a rien de compliqué tant ces métiers ne demandent pas de compétences particulières. François-Marie Banier n'a désormais qu'à bien se tenir !

Exercice n°24 • La petite cousine qui pose des questions compliquées

Elle est mignonne, avec ses couettes, sa robe à frou-frous et ses lunettes à monture rose fuchsia. Mais elle vous terrifie pourtant. Elle, c'est votre petite cousine de 7 ans qui vous interroge toujours sur des thèmes qui vous déconcertent. Et vous vous sentez systématiquement démuni tant vous aimeriez lui donner une réponse, pour qu'elle vous laisse enfin tranquille, mais que vous n'y arrivez jamais de manière satisfaisante. Sans doute cette petite est-elle en fait une véritable sadique. Heureusement, vous allez découvrir ci-dessous comment vous y prendre.

Pour chacune des questions suivantes, que répondriez-vous instinctivement ?

1. « Comment on fabrique les arbres ? »

   « Chais pas… »

   « Des graines sont plantées par pollinisation et la photosynthèse fait le reste. »

   « Le papa arbre plante sa petite graine dans maman arbre pour faire un bébé arbre. »

2. « Pourquoi Mamie elle te déteste ? »

   Elle ne me déteste pas, voyons, c'est juste qu'une sorcière lui a jeté un sort et que si d'aventure Mamie m'adresse la parole, elle se transformera en concombre. »

   « Laisse-moi tranquille, sale enfant ! »

   « Ça date de la fois où je lui ai emprunté 10 000 euros soi-disant pour faire face à des fins de mois difficiles et que j'ai tout perdu en pariant dans un combat de chiens. »

3. « Pourquoi tu perds tes cheveux ? »

   « Parce que l'alopécie androgénétique héréditaire atteint 70 % des hommes, voyons ! »

   « Parce que la fée Calvitie s'est posée sur mon berceau quand j'étais encore tout bébé. »

   « Et toi, pourquoi tu vas prendre une claque ? »

4. « Pourquoi ta cigarette elle sent bizarre ? »

   « C'est parce que j'y ai ajouté de l'eucalyptus, comme les koalas. Tu aimes les koalas ? »

   « C'est pas une cigarette, c'est un gros joint. Tu veux une taffe ? »

   « Éloigne-toi, exaspérante binoclarde ! »

Majorité de ▨

Vous rendez-vous compte que vous ne répondez jamais à cette pauvre petite ? Pas étonnant qu'elle revienne toujours à la charge, dans une tentative désespérée d'établir un contact avec vous. Soyez un peu plus patient, dialoguez avec elle, trouvez-vous des intérêts communs, par exemple les poneys. Une fois cette confiance mutuelle instaurée, répondre à ses questions bizarres deviendra un plaisir et vous vous languirez de votre prochaine rencontre. Il se peut aussi qu'elle ne fasse ça que pour vous agacer, auquel cas vous vous serez renseigné sur les poneys pour rien…

Majorité de ◆

Ne prendriez-vous pas cette enfant pour une débile ? Évidemment qu'elle ne peut pas se satisfaire des réponses vaseuses que vous lui donnez, elle qui parle trois langues et qui maîtrise un ordinateur portable bien mieux que vous ! Considérez-la comme votre égale ; après tout, ses interrogations ne sont pas dénuées de fondement et elle mérite d'obtenir de votre part des informations de qualité. À moins que vous ne croyiez réellement aux sottises que vous lui racontez ? Fermez ce livre immédiatement !

Majorité de ●

Votre franchise vous honore. Néanmoins, il n'est pas toujours bon de révéler des vérités brutales aux enfants. Car alors où est la part de rêve et d'imagination ? En conservant le sens global de vos réponses et les informations qui y sont contenues, essayez de simplifier vos propos et de les rendre compréhensibles par le plus grand nombre. Vous pouvez pour ce faire vous inspirer de personnes dont le vocabulaire ne dépasse pas cinquante mots, en regardant n'importe quelle émission sur NRJ12, par exemple.

Exercice n°25 • L'oncle raciste

Chaque famille a le sien. Il est incontournable de toute bonne réunion familiale qui se respecte et fait honte à vos proches depuis des générations. Lui, c'est votre oncle Norbert, jamais à court de bons mots pour peu que des relents poujadistes s'y taillent une belle part. Quand vous étiez plus jeune, vous ne compreniez pas trop. En grandissant, ça vous a quand même fait un peu marrer. Maintenant que vous avez compris que le second degré est totalement absent de ses diatribes, vous trouvez ça carrément lourd. Mais vous êtes à présent engagé dans une conversation avec lui dont vous sentez bien qu'elle va déraper d'ici peu. Dès lors, comment vous tirer de ce mauvais pas ?

Reliez chaque peuple ou groupe ethnique à sa supposée caractéristique principale.

1. Les Italiens sont tous des...

a. Feignants

2. Les Portugais sont tous des...

b. Nazis

3. Les Grecs sont tous des...

c. Radins

4. Les Allemands sont tous des...

d. Fourbes

5. Les Écossais sont tous des...

e. Voleurs

6. Les Noirs sont tous des...

f. Délinquants

7. Les Asiatiques sont tous des...

g. Ouvriers du bâtiment

8. Les Arabes sont tous des...

h. Coincés

9. Les Américains sont tous des...

i. Grosses tarlouzes

10. Les Anglais sont tous des...

j. Obèses

Résultats

Réponses : 1-e, 2-g, 3-i, 4-b, 5-c, 6-a, 7-d, 8-f, 9-j, 10-h.

Comptez maintenant votre nombre de bonnes réponses.

De 1 à 3

Effectivement, ça va être dur pour vous. Non seulement vous ne devez pas comprendre grand-chose aux propos que vitupère votre oncle, mais vous n'avez sans doute pas vu beaucoup de films de Max Pécas ou des Charlots, ce qui est limite impardonnable.

De 4 à 7

Vous possédez le potentiel pour vous sortir de cette situation. Vous connaissez relativement bien vos classiques franchouillards et pouvez supporter un bon quart d'heure de florilège xénophobe sans broncher. Abondez dans le sens de votre oncle, qui vous laissera tranquille au bout de quelques minutes pour aller embêter une personne plus disposée à être choquée.

De 7 à 10

Vous êtes quasiment incollable ! On se demande pourquoi la situation vous gêne puisque votre oncle et vous semblez partager une réelle complicité. Allez-y, vous pouvez vous lâcher !

Exercice n° 26 • Le cousin de droite

Quand vous avez aperçu le 4x4 immatriculé 92 dans l'allée, vous avez deviné qu'il était là. Quand vous avez contemplé à proximité du carton portant votre nom posé sur la table ce brushing impeccable trônant au-dessus d'une veste parfaitement coupée dans une étoffe rare, vous avez su que vous alliez devoir passer un long moment à ses côtés. Quand se sont échappés de son sourire enjôleur et carnassier les mots : « Je suis un peu en avance, ma secrétaire avait mal noté l'heure sur mon iPad », vous avez commencé à déprimer. Et pourtant, avec un peu d'entraînement préalable, vous auriez peut-être passé la meilleure soirée de votre vie. N'hésitez donc pas à pratiquer régulièrement l'exercice suivant.

Suivez scrupuleusement les étapes ci–après. Si l'une d'entre elles est trop difficile, passez à la suivante. Si elles sont toutes trop difficiles, faites–vous assister. Mais gardez bien en tête que votre cousin n'aime cer– tainement pas les assistés.

1. Découpez dans un vieux numéro de *L'Express* récupéré dans la poubelle du Fouquet's une grande photo de Jean-François Copé ou de Xavier Ber- trand. Accrochez-la au miroir de votre salle de bains et essayez de trouver fière allure au personnage. Ce n'est pas évident au départ, mais cela peut venir avec une incommensurable persévérance.

2. Enregistrez les phrases : « Il faut remettre la France au travail », « Je suis accablé de charges, l'État me prend tout ce que j'ai » et « J'adore les mocassins bateau », et passez-les-vous en boucle en tentant d'acquiescer vigoureusement à chaque fois. Rassurez-vous, cet exercice n'a jamais causé de torticolis à qui que ce soit.

Débriefons

Peut-on être de droite et sympathique, telle est l'éternelle question à laquelle les scientifiques du monde entier tentent de répondre depuis la nuit des temps. N'a-t-on pas retrouvé un logo du RPR parmi les peintures rupestres de la grotte de Lascaux ? Non ? Ah bon, je croyais…

Nous apporterons pourtant ici un début de réponse : il faut en fait relativiser les choses. Le simple fait d'être de droite cache assu- rément un malaise bien plus profond chez le sujet, qui utilise ce stupide pis-aller comme un bouclier (fiscal) qui le protégerait d'un monde auquel il n'est pas préparé. Quand il parade au volant de voitures hors de prix, qui vous dit qu'il ne reconstitue pas en réalité un cocon protecteur, une niche (fiscale, elle aussi) où se réfugier ? Le problème de l'homme de droite, c'est l'insécurité. Prenez-le dans vos bras, rassurez-le sur le monde qui nous entoure, et vous reprendrez le contrôle (fiscal ? Décidément, c'est une manie !) de la situation.

Exercice n°27 • Le cousin de gauche

Quand vous avez aperçu le Vélib' dans l'allée, vous avez deviné qu'il était là. Quand vous avez contemplé à proximité du carton portant votre nom posé sur la table cette barbe de trois jours et ce pantalon de velours élimé, vous avez su que vous alliez devoir passer un long moment à ses côtés. Quand se sont échappés de son sourire niais les mots : « Je suis un peu en avance, j'ai écouté le dernier Vincent Delerm à la FNAC mais ensuite, impossible de trouver la compile de Bénabar », vous avez commencé à déprimer. Et pourtant, avec un peu d'entraînement préalable, vous auriez peut-être passé la meilleure soirée de votre vie. N'hésitez donc pas à pratiquer régulièrement l'exercice suivant.

Pour vous rendre sympathique auprès de votre interlocuteur, suivez les consignes ci-dessous.

1. Racontez (ou inventez) une situation dans laquelle vous avez aidé un pauvre :

_____

_____

_____

_____

2. Après avoir surfé sur YouTube, notez trois amusantes répliques de Jean-Luc Mélenchon (contre les journalistes, contre les Tibétains, contre les journalistes...) :

_ _

_ _

_ _

_ _

3. Vous aussi, allez écouter Vincent Delerm et Bénabar à la FNAC (quoique le second soit en rupture de stock, manifestement...). Puis écrivez ci-dessous tout ce que vous en retirez de positif (nous ne mettons ici que deux lignes, ça suffira bien) :

_ _

_ _

Débriefons

Peut-on être de gauche et avoir l'esprit vif, telle est l'éternelle question à laquelle les scientifiques du monde entier tentent de répondre depuis la nuit des temps. N'a-t-on pas retrouvé un portrait du Che dans le tombeau de Toutankhamon ? Non, toujours pas ?

La réponse réside sans doute dans ce fait établi : l'homme de gauche ne se rend pas compte de la cruauté du monde moderne. Plutôt qu'essayer de faire fructifier son patrimoine avant que les Chinois ne débarquent, il perd son temps à aider ceux qui sont à la traîne et qui se feront bouffer de toute façon. Il paye même ses impôts sans rechigner, c'est dire ! Pour son bien, il faut que vous lui fassiez prendre conscience que la vie est un combat de chaque instant et que seuls les plus méritants s'en sortiront avec les honneurs. S'il essaye de vous prendre dans ses bras à un moment quelconque de la soirée, renversez du vin – rouge, ça lui fera plaisir – sur ses *espadrilles et déprimez-le en lui annonçant la somme misérable qu'il touchera une fois à la retraite s'il ne se prend pas en main. Et voilà le (vrai) travail !*

Exercice n°28 • L'oncle qui raconte des blagues lourdes

Il est le pendant plus soft de l'oncle raciste, mais peut se révéler à la longue tout aussi insupportable. C'est le roi du calembour, le *king* de l'Almanach Vermot. Il aurait mangé Laurent Ruquier au petit-déj' que ça ne vous étonnerait pas plus que ça. Mais voilà : entre les jeux de mots pouraves, les vannes racistes et les blagues de cul, vous allez passer un sale quart d'heure en sa compagnie. Rentrez dans son jeu grâce à l'exercice suivant et prenez-le à son propre piège.

Avant qu'il n'ait pu commencer son festival, contrez votre oncle grâce aux gentilles blagues mignonnes ci-dessous.

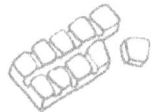

Quel est le comble de la taupe ? D'amuser la galerie.

Quel est le comble du démineur ? D'être invité à une boum.

Que se disent deux chats amoureux ? « On est félin pour l'autre. »

Comment s'appelle la fée la plus paresseuse ? La fée Néante.

Avec quoi ramasse-t-on la papaye ? Avec une foufourche.

Débriefons

Eh oui, grâce aux délicieuses blagounettes énumérées ci-dessus, votre oncle va se trouver complètement déprimé. Elles lui auront à coup sûr coupé tous ses effets, et vous auront fait passer à ses yeux pour un gros naze, ce sur quoi vous n'allez pas cracher. Il s'éloignera donc tout penaud, jusqu'à ce qu'il ait trouvé sa nouvelle victime. Cette méthode possède toutefois un sérieux inconvénient : pour peu que des enfants en bas âge aient traîné dans les parages à ce moment-là – au lieu de passer leur temps à envoyer des SMS à leurs potes –, il est bien possible qu'ils en redemandent et que votre soirée se retrouve à nouveau gâchée. Alors ? Entre la peste et le choléra ?

Exercice n°29 • L'oncle alcoolique

Il a le teint rubicond des bons vivants. Et, comme nul ne l'ignore, bon vivant rime avec prévoyant. Quoique vous doutiez assez sérieusement que l'oncle Jean-Louis ait prévu la cirrhose qui lui tombera sur la coloquinte d'ici quelque temps. Il enquille en effet verre sur verre depuis que vous êtes assis à côté de lui et semble ma foi être un grand habitué de ce genre de libations. Cela dit, il ne vous est pas très agréable de tailler le bout de gras avec lui, car son haleine avinée (et aussi un peu abièrée, awhiskyée et apastisée) vous fait détourner la tête à chacun de ses propos. Comment réagir ?

Résolvez le problème suivant.

250 ml de bière, 12 cl de vin, 4 cl de whisky et 8 cl de pastis contiennent chacun environ 10 g d'alcool pur, soit une unité d'alcool (Ua). La masse de votre oncle est m. Le coefficient de diffusion K d'un homme est en moyenne de 0,7 (0,6 pour une femme). Estimez le nombre d'unités d'alcool ingérées par ce sacré Jean-Louis, puis calculez son taux d'alcool (T) par litre d'air expiré grâce à la formule suivante, aussi appelée « formule de Sue Ellen » :

$$T = (10 \times Ua) / (2K \times m)$$

Puis, sachant que la masse moléculaire de l'éthanol est de 46,07, sa densité de vapeur de 1,59, sa concentration de saturation de 57 890 ppm et sa limite inférieure d'explosibilité de 3,3 %, vérifiez si, en approchant une flamme de la bouche de votre oncle, il pourrait se produire quelque chose de rigolo. Vous pouvez faire appel à votre neveu qui fait Math Sup', ou tenter concrètement l'expérience en sortant votre briquet. La moustache de Jean-Louis ne sera bientôt plus qu'un lointain souvenir.

Débriefons

Vous pouvez pimenter cet exercice en le réalisant en public. Rameutez tous les moins de 10 ans qui se trouvent à proximité et confessez-leur que Tonton Jean-Louis est en fait un dragon. Puis lisez ce mélange d'incrédulité et d'admiration dans leur regard quand leur grand-oncle crachera des flammes et embrasera avec un peu de chance le ridicule couvre-chef dont s'est affublée Tata Valérie.

Exercice n° 30 • Le grand-oncle qui fume à mort

C'est bien votre veine. Vous qui venez de sortir de la bronchite asthmatiforme qui vous cloue au lit une bonne semaine dès que les beaux jours reviennent, vous voilà parti pour passer deux heures en compagnie de l'oncle Nestor, celui qui fume à mort (et en plus, ça rime). Et si encore il fumait des blondes *light* comme tous vos potes, vous auriez un peu l'habitude. Mais non, lui, c'est gauloises sans filtre sinon rien. Autant dire qu'à côté de l'épais brouillard qui va bientôt vous entourer, le *fog* londonien n'est rien. Et il sent meilleur, pour peu que l'on ne se trouve pas à proximité d'un marchand de *fish and chips* ambulant. L'exercice qui suit vous aidera peut-être à relativiser.

1. Parmi ces messages qui figurent sur les paquets de cigarettes, trouvez l'intrus :

a. Les fumeurs meurent prématurément.

b. Fumer peut entraîner une mort lente et douloureuse.

c. Fumer permet de se donner une contenance et d'avoir trop la classe.

d. Fumer provoque le cancer mortel du poumon.

2. Quel est le bon message de prévention ?

a. Fumer pendant la grossesse nuit à la santé de votre enfant.

b. Pendant la grossesse, fumez la nuit à la santé de votre enfant !

c. Pendant la nuit, sentez fumer la grossesse de votre enfant.

3. Que répond une blonde à qui l'on demande : « Tu fumes après l'amour ? »

a. « Oui, rien de tel qu'une bonne cigarette pour être parfaitement détendue. »

b. « Non, cela sentirait trop mauvais dans la pièce. »

c. « Je sais pas, j'ai jamais regardé... »

4. Complétez la phrase suivante : « Les cigarettes au menthol...

a. ... c'est trop la honte. »

b. ... rafraîchissent l'haleine et dispensent donc de se laver les dents. »

c. ... sont aussi nocives que les cigarettes classiques. »

5. Complétez la phrase suivante : « Les Gitane maïs...

a. ... passées au micro-ondes se transforment en pop-corn. »

b. ... ça donne bien la gerbe. »

c. ... sont les cigarettes préférées du Géant vert. »

Résultats

Réponses : 1-c, 2-a, 3-c, 4-c, 5-b.

Si vous avez ne serait-ce qu'une mauvaise réponse, vous méritez assurément de mourir prématurément d'une mort lente et doulou-reuse. Ne changez rien, c'est parfait comme ça. En revanche, si vous avez tout bon, vous êtes définitivement conscient du danger que vous courez à rester auprès de votre grand-oncle plus de dix minutes. Scrutez le joli message de prévention écrit sur son paquet de clopes, et prenez quelques instants pour mettre au point une réflexion bien sentie. Par exemple, si le paquet dit : « Fumer bouche les artères et provoque des crises cardiaques et des attaques cérébrales », faites-lui remarquer que son comportement vous fait douter qu'il ait un cœur et un cerveau, et que par conséquent il ne risque pas grand-chose.

Exercice n°31 • Le bébé

Il fallait que ça tombe sur vous ! Il y en avait déjà dans le RER, dans le TGV, et maintenant à côté de vous sur les genoux de votre cousine. Une serviette de table ? Non, un bébé ! Une chose plissée et hurlante qui vous rappelle un peu votre patron et vous prend toujours au dépourvu. Pour que tout se passe au mieux, vérifiez votre niveau en matière de puériculture et découvrez grâce à cet exercice comment combler vos lacunes.

Affirmation	On peut le dire.	On ne peut pas le dire.
1 Comme il est mignon !		
2 C'est normal, les croûtes sur la tête ?		
3 Il fait déjà ses nuits ?		
4 Il a un peu l'air malade, non ?		
5 Ça se passe bien, chez la nounou ?		
6 Tu veux pas lui mettre un coussin sur le visage pour que ça fasse moins de bruit ?		
7 Qu'est-ce qu'il ressemble à ses parents !		
8 Il me bave dessus, je lui en colle une !		
9 Ouh, gouzi gouzi gouzi !		
10 Y a une odeur bizarre, non ?		

Débriefons

Les spécialistes se seront aperçus depuis bien longtemps que les phrases portant un chiffre impair feront plaisir à la maman et permettront d'engager la conversation sur de bonnes bases. En revanche, celles portant un numéro pair ne sont guère recommandables pour un repas serein. Même si vous détestez les bébés et les enfants en général, ce qui est bien compréhensible, la coutume veut que l'on n'en dise que du bien, surtout en présence de leurs géniteurs. Si vous vous laissez aller à d'acerbes commentaires, cela stressera la maman, par conséquent sa progéniture aussi, et la situation empirera.

Des compliments apaiseront l'atmosphère et sans doute le bambin s'endormira-t-il rapidement, vous laissant dans un appréciable confort sonore. Si vraiment vous ne pouvez pas vous empêcher de laisser libre cours à votre acrimonie, usez de répliques à double sens. Si l'enfant est très laid, par exemple : « Oh, regardez-moi ce petit monstre ! » Cela vous soulagera et la jeune mère, dans sa naïveté béate, s'en verra fort émue.

Exercice n°32 • Le beau-frère qui manque d'hygiène

Il dégage une odeur exécrable, et ce depuis sa plus tendre enfance, vous a avoué votre douce moitié qui a grandi à proximité. Bébé, il pouvait passer des heures dans sa couche sale sans se plaindre – alors que, de votre côté, vous exigiez que l'on vous tartine les fesses de crème parfumée toutes les dix minutes. Cela ne s'est manifestement pas arrangé depuis : la vision des auréoles jaunâtres sous ses bras vous laissent présager que, du côté de chez lui, les enzymes gloutons pointent au Pôle emploi depuis un bon moment. Et qu'est-ce que c'est que toutes ces mouches, à la fin ?

Suivez ces quelques consignes pour éviter d'avoir à vous pincer le nez tout le reste de la soirée. Matériel nécessaire : un déodorant, un médecin légiste, un sous-pull.

1. Courez dans la salle de bains chercher une bouteille de déodorant et dissimulez-la dans votre sac. Puis saisissez le moment où votre beau-frère vous demande ce que vous devenez pour lui annoncer que vous travaillez désormais pour une grande marque de cosmétiques, que vous avez justement un échantillon sur vous et que vous avez hâte qu'il l'essaye pour recueillir ses impressions.

2. S'il ne tombe pas dans ce piège d'une sournoiserie pourtant imparable, rendez-vous sans plus attendre à la morgue communale et demandez au médecin légiste quelques grammes de la mixture mentholée qu'il s'étale sous le nez pour mieux supporter les odeurs de cadavres en décomposition. S'il y a une épicerie sur le chemin, vous pouvez aussi acheter de la menthe là-bas – ce sera peut-être même plus simple, finalement...

3. Si tout cela s'avère inefficace, utilisez la technique de l'arroseur arrosé. Revêtez votre plus beau sous-pull en acrylique et faites dix fois le tour du pâté de maisons en courant. Votre odeur corporelle sera bien plus incommodante que celle de votre beau-frère, et peut-être celui-ci décidera-t-il d'aller s'asseoir ailleurs. Ne soyez pas surpris si vos autres voisins de table se mettent tout à coup à courir en direction de la salle de bains ou de la morgue.

Débriefons

Votre pauvre beau-frère n'a qu'une vague idée de ce que l'hygiène corporelle implique. Mais peut-on lui en vouloir ? Ne cherche-t-il pas simplement à échapper à la folle course de notre monde, qui nous a imposé au fil des siècles la douche quotidienne, le lavage des dents après chaque repas et le déodorant efficace soixante-douze heures durant ? N'est-il pas un farouche partisan d'un retour à la nature, s'opposant par là même au mercantilisme de nos sociétés occidentales ? Peut-être. Toujours est-il que ça fouette quand même grave. Alors, suivez le conseil de Stéphane Aisselle : indignez-vous !

Exercice n°33 • La tante hystérique

Tout à coup, un cri strident qui n'est pas sans rappeler celui d'un lémurien épileptique fan de Justin Bieber vous laisse sourd de l'oreille gauche durant quelques instants. C'est en vous retournant que vous identifiez l'origine de ce bruit : votre tante Martine, celle qui croit faire plus jeune que son âge et qui parle très fort. Elle s'approche dangereusement, menaçant de vous abreuver de son discours inintéressant appuyé de force onomatopées assourdissantes. Vite, un exercice !

Tentez les quatre options suivantes.

1. La prise de monsieur Spock. Sous couvert de lui faire un massage pour la détendre un peu, serrez très fort la clavicule de votre tante. Elle devrait tomber dans le sommeil du juste en quelques instants. Dans *Star Trek*, ça marche. Et si ça marche pour une bande d'astronautes en pyjama, il n'y a pas de raison pour que vous n'y arriviez pas.

2. La prise de médicaments. Faites tomber quelques gouttes de Valium dans le verre de la bruyante personne. Ou quelques gouttes de n'importe quoi qui la fera taire : cyanure, arsenic, vous n'avez que l'embarras du choix pour peu que votre pharmacien se montre conciliant.

3. La prise de courant. Humidifiez le sol sous les pieds de votre tante : renversez un verre d'eau, ou faites pipi si vous souhaitez par la même occasion marquer votre territoire. Puis amenez un fil électrique dénudé jusque dans la flaque ainsi obtenue. Après avoir vérifié que votre tante ne porte pas de semelles crêpe, allumez l'interrupteur.

4. **La prise de karaté.** Portez un violent coup du tranchant de la main sur la gorge de la tante irritante. Effet garanti.

Débriefons

Bien sûr, ces solutions sont toutes un peu radicales. Mais le comportement de votre tante ne l'est pas moins. Les agressions auditives dont elle gratifie l'assemblée à la moindre occasion portent sur les nerfs de tout le monde, et plus d'un convive vous remerciera de vous être dévoué pour lui clouer le bec. Clouer le bec ? Voici une solution à laquelle nous n'avions pas encore pensé. Vite, une boîte à outils !

Exercice n°34 • La grand-mère antisémite

« Ces youpins sont vraiment malfaisants ! » déplore votre grand-mère au détour d'une conversation à propos de votre mauvaise digestion d'un récent kebab aux fallafels. Au-delà du fait que vous pourriez quand même vous nourrir plus sainement, cette phrase montre il est vrai une certaine étroitesse de vue qui vous semblait rester l'apanage de quelques énergumènes au crâne rasé. Votre grand-mère conserve toutefois quelques cheveux sur la tête et peut-être pourrez-vous la convaincre de laisser au vestiaire ses réflexions du début du siècle en pratiquant l'exercice suivant.

Prenez votre plus belle plume et répondez à ce questionnaire.

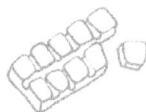

1. Notez ci-dessous vos trois citations préférées de *Mein Kampf* :

_____

_____

2. Énumérez ici trois séquences truculentes extraites de *Nuit et Brouillard* d'Alain Resnais :

_____

_____

_____

3. Inscrivez ci-dessous trois aphorismes de l'inénarrable humoriste Dieudonné :

_____

_____

_____

Débriefons

Bon, normalement, vous n'avez pas dû noter grand-chose. Proposez maintenant ce test à votre grand-mère. Ah ! vous voyez ? Elle non plus n'a pas su inscrire la moindre petite ligne. Rien n'est donc perdu. C'est juste qu'elle n'a pas cédé à la mode du politiquement correct et qu'à son époque, « eh ben on parlait comme ça, un point c'est tout ». Vous venez de prouver, grâce à cet exercice, qu'elle ne pense pas vraiment à mal. De toute façon, ce n'est pas à 90 ans que vous allez la changer – à moins qu'elle ne soit incontinente et que vous soyez la seule personne disponible, mais c'est là une autre histoire. Ravalez donc un peu votre bien-pensance outrée.

Exercice n° 35 • La grand-tante trop parfumée

Mais que diable peuvent bien chercher les dames âgées en déversant à la moindre occasion sur leur personne des litres du parfum le plus capiteux possible ? À séduire de riches nonagénaires dont les cellules olfactives ne fonctionnent pourtant plus à leur maximum depuis belle lurette. Le problème, c'est que vous n'êtes pas riche, encore moins nonagénaire, et que vous commencez à étouffer, coincé que vous êtes dans le giron de votre grand-tante depuis une demi-heure. Vous ne pouvez pourtant vous y soustraire : la conversation concerne les personnes qu'elle compte coucher sur son testament – et en matière de coucheries, vous ne vous y entendez que trop bien. Alors comment vous préparer à ce moment ?

> *Prévoyez l'activité suivante quelques semaines avant l'événement.*

Regardez *Le Grand Bleu*, puis filez tout simplement vous inscrire à la piscine pour suivre une formation de plongeur en apnée. Savez-vous que le recordman du monde peut tenir plus de 11 minutes sans reprendre son souffle ? Vous pourriez donc tenir plus d'une heure en ne prenant que cinq inspirations parfumées. Le jeu en vaut certainement la chandelle.

Débriefons

Bon, vous avez réussi à tenir une heure grâce à un entraînement sans concession. Du coup, vous êtes tout rouge, vous n'avez pas tellement pu parler pour faire valoir votre point de vue et c'est votre cousin Alban qui héritera au final – il faut dire qu'il s'y entend plutôt bien en coucheries lui aussi. Vous êtes déçu. Mais ne vous morfondez pas trop : la prochaine fois qu'un malotru fera profiter le métro bondé d'une flatulence en bonne et due forme, vous prendrez conscience que vous n'avez pas fait tout ça pour rien.

Exercice n° 36 • La cousine intello

Aussi loin que remontent vos souvenirs, vous la voyez avec une grosse paire de lunettes et l'intégrale de Kant sous le bras. Alors que vous savez bien que ce n'est pas possible : un enfant n'est pas capable de porter l'intégrale de Kant avec un seul bras, voyons ! Qu'est-ce qu'elle peut vous agacer, à sortir des citations philosophiques à la pelle, à balancer des répliques de films d'art et d'essai en veux-tu en voilà et à fredonner des morceaux choisis de musique contemporaine ukrainienne comme vous siffloteriez du Gilbert Montagné. Le pire, c'est qu'elle vous fait bien prendre conscience de votre ignorance crasse en lançant à chaque sortie : « T'as saisi la référence, hein ? » Eh non, vous n'aviez pas franchement saisi, bien que vous vous sentiez obligé de branler du chef pour faire croire que l'œuvre de Pierre Bourdieu n'a aucun secret pour vous. Comment contrer cette petite mijaurée ? En faisant l'exercice suivant.

Attribuez ces citations aux films dont elles sont tirées, puis reportez-vous aux résultats.

1. « La vieillesse, c'est la seule maladie dont on ne peut guérir. »

   a. *Les Choses de la vie*, de Claude Sautet

   b. *Citizen Kane*, d'Orson Wells

   c. *Les Bronzés font du ski*, de Patrice Leconte

2. « Ce qui est terrible sur cette terre, c'est que tout le monde a ses raisons. »

a. *La règle du jeu*, de Jean Renoir

b. *Cris et chuchotements*, d'Ingmar Bergman

c. *Taxi 4*, de Gérard Krawczyk

3. « Tout le monde m'aimait. Moi aussi je m'aimais bien. Jusqu'à ce qu'il arrive. »

a. *Amadeus*, de Milos Forman

b. *Ma saison préférée*, d'André Téchiné

c. *Fast and Furious 5*, de Justin Lin

4. « La liberté et la beauté sont trop précieuses pour qu'on ne s'y attarde pas... »

a. *Le Testament d'Orphée*, de Jean Cocteau

b. *Into the Wild*, de Sean Penn

c. *On se calme et on boit frais à Saint-Tropez*, de Max Pécas

5. « Une habitude c'est une façon de mourir sur place. »

a. *Un singe en hiver*, d'Henri Verneuil

b. *La Cité de la joie*, d'Hasari Pal

c. *L'Attaque de la moussaka géante*, de Panos Koutras

Résultats

Réponses : 1-b, 2-a, 3-a, 4-b, 5-a

Si vous n'avez que des c, il est certainement temps d'élargir un peu vos références cinématographiques. Il est bien normal que vous n'entraviez pas grand-chose à ce que dit votre cousine, car votre culture atteint un niveau à peine moins abyssal que celui des candidats de

Secret Story. *Et nous n'avons même pas mis les pieds sur le terrain de la littérature : sans doute auriez-vous considéré que « Longtemps, je me suis couché de bonne heure » était une citation extraite d'un horripilant ouvrage de Guillaume Musso. Vous ne pouvez pas lutter dans des conditions pareilles.*

Si vous n'avez pas choisi que des c, alors il y a peut-être un espoir.

Dans les deux cas, essayez de prendre votre cousine au piège en casant sournoisement les répliques de ce test dans la conversation et en lui lançant son fameux « T'as saisi la référence, hein ? ». Peut-être ne saisira-t-elle pas plus que vous il y a cinq minutes.

Exercice n° 37 • Le beau-frère super sportif

Vous ne lui dites bonjour que de loin car il vous broie la main si vous le laissez vous la serrer. Il quête votre approbation en vous donnant une tape dans le dos si forte qu'elle vous a fait cracher un bout de votre foie l'année dernière. Il porte sans honte un costume avec aux pieds une paire de chaussures à crampons. Ça fait un petit moment que vous ne l'avez pas vu car à chaque fois que vous lui avez rendu visite, il était parti courir ses cinquante kilomètres quotidiens. Lui, c'est votre beau-frère super sportif. Et il va falloir composer avec sa présence pendant toute la soirée. Alors, comment faire ?

Ne dit-on pas « Qui se ressemble s'assemble » ? Mais comme vous n'avez pas spécialement envie de vous assembler avec lui de quelque manière que ce soit, reliez les phrases qui correspondent pour trouver la parade.

1. « Tu as vu mes nouvelles Nike ? » •

• **a.** « Après quoi ? »

2. « L'OM vient de perdre 1 à 5 contre Guingamp. » •

• **b.** « Les femmes raffolent des poignées d'amour. »

3. « Tu devrais courir un peu. » •

• **c.** « En quelle discipline ? »

4. « T'as pas pris un peu du bide ? » •

• **d.** « L'équipe de quoi ? »

5. « T'aurais pas acheté *L'Équipe*, par hasard ? » •

• **e.** « Tu as vu mes nouvelles charentaises ? »

Résultats

Réponses : 1-e. 2-c. 3-a. 4-b. 5-d.

Pour votre beau-frère, une vie sans sport est comme un camembert au lait cru sans vin : un gâchis absurde. Le problème, c'est qu'il aimerait tant vous entraîner dans sa folie musculatoire. Et que vous aimez tant passer des heures vautré dans votre canapé, musclant vos doigts à l'aide des touches de la télécommande et d'un paquet de chips (et il en faut, du tonus digital, pour aller chercher les chips du fond !). Attention toutefois à ne pas en faire trop dans le mépris de toute activité sportive : ne dit-on pas aussi que les extrêmes s'attirent ?

Exercice n°38 • La belle-sœur écolo

Elle ne porte que des vêtements 100 % coton. Ses cheveux n'ont pas vu une paire de ciseaux depuis l'affaire du Rainbow Warrior. Les gens qualifient son teint de diaphane, terme avec lequel vous seriez tout à fait d'accord s'il était équivalent à un mélange de blafard et de maladif. Mais elle est fière : elle porte sur son visage émacié l'assurance de ceux qui sont convaincus de bien faire et se font un sacerdoce de rallier les mécréants à leur cause.

Pour savoir comment ne pas devenir vert à mesure
que la discussion avance, répondez donc aux quelques
questions qui suivent.

1. Ainsi que le conseillent les publicités télévisées pour les chips, mangez-vous bien cinq fruits et légumes par jour ?

▪ Oui, je fais même mes réserves directement chez le producteur pour éviter d'ingérer des pesticides et d'engraisser les enseignes de la grande distribution.

◆ Je m'y efforce, mais craque volontiers pour un déjeuner chez Quick de temps à autre.

● Oui, si le tabac, le café et le houblon sont considérés comme des légumes. (Après tout, ce sont bien des végétaux à la base, non ?)

2. Pratiquez-vous le tri sélectif ?

◆ Tant que faire se peut, mais je ne sais pas toujours très bien dans quelle poubelle jeter quoi.

▪ Bien sûr, j'ai même un composteur sur mon balcon pour recycler les épluchures et obtenir un engrais à peu de frais. Mes géraniums sont comblés, même s'ils sentent un peu le vomi.

● Vous avez déjà vu un tri qui ne soit pas sélectif, bande de hippies dégénérés gobeurs de pléonasmes ?

3. Êtes-vous un adepte du Vélib' ?

▪ Oui, c'est un merveilleux moyen de se déplacer en luttant contre le réchauffement climatique.

● Oui, c'est un merveilleux moyen d'écraser au volant de mon 4x4 des bobos qui se croient les rois de la route et grillent les feux rouges.

◆ Oui, mais je l'utilise avec parcimonie car je transpire un peu sous les bras en arrivant au travail et cela indispose mes collègues de l'open space.

4. Votre réaction quand l'un de vos invités vous a asséné l'autre soir : « Tu ne vas quand même pas faire revenir mon tofu dans la poêle où tu as fait cuire ton pavé de charolais ? »

◆ « Oh, je suis désolé, je ne savais pas que cela était contre-indiqué pour toi. Malheureusement, c'est trop tard, veux-tu que je te fasse des pâtes ? »

▨ « Ah, suis-je bête ! Mais bien sûr, pas de problème ! »

◉ « Ben si, en fait. D'abord j'ai une seule poêle, ensuite j'ai déjà été bien sympa de la laver entre-temps et si tu continues je m'en sers comme instrument contondant. »

Résultats

Majorité de ◉

Vous ne semblez pas être un écologiste convaincu. Il est donc tout à fait normal que les agissements de votre belle-sœur vous décontenancent. Essayez d'éviter les sujets porteurs de polémiques (les OGM, les baleines, les candidats de The Voice…) et menez avec le brio qui vous caractérise la conversation sur des thèmes plus consensuels (les emprunts immobiliers, la circulation dans Paris, les candidats de L'amour est dans le pré…).

Majorité de ◆

L'écologie vous intéresse, mais vous n'êtes pas prêt à laisser ses préceptes trop fortement perturber votre confort. Ceci étant, profitez de cette occasion pour demander à votre belle-sœur des conseils facilement applicables au quotidien. Elle se sentira utile, et vous pourrez apprendre des choses que vous ne soupçonniez pas, comme l'existence de pulls fabriqués à partir de vieux pneus recyclés. Fascinant, non ?

Majorité de ▨

Vous semblez déjà très au fait des choses. Recyclage, économies d'énergie et bio-attitude n'ont pas de secret pour vous. Mais ne laissez en aucun cas votre belle-sœur vous entraîner sur la pente de son intégrisme écologiste. Vous voyez bien, tout le monde angoisse à l'idée de lui parler et elle reste toujours seule dans son coin. Vous ne voulez quand même pas devenir un vert solitaire !

Exercice n°39 • La nièce gothique

« Ça va ? Tu es toute pâle, demandez-vous à Priscilla, votre nièce de 15 ans. — Tu peux pas comprendre, de toute façon, personne ne me comprend, sauf mes copines qui ont vu *Twilight* plus de vingt fois », vous répond-elle sans trop de liesse. Effectivement, avec son fond de teint blanc, son abondant mascara noir, ses longs cheveux de jais et ses bracelets à clous, Priscilla a bien changé depuis votre dernière rencontre. Où est passée la petite fille joyeuse habillée chez Cyrillus par sa maman ? Cette métamorphose est déstabilisante et vous ne savez pas comment aborder la demoiselle sans la froisser. Voici quelques pistes pour gérer cette situation avec sérénité.

Suivez les consignes ci-dessous. Matériel nécessaire : un crayon, une dose de curiosité et un peu d'imagination.

1. Écrivez trois phrases évoquant votre amour pour les corbeaux :

_____

_____

_____

2. Après vous être renseigné, concevez trois questions pertinentes à propos des membres du groupe Tokio Hotel :

_____

3. Résumez trois anecdotes croustillantes qui vous sont arrivées la nuit dans un cimetière :

_____

_____

_____

Débriefons

Comme vous l'avez compris, les jeunes gothiques ne sont pas vraiment mal dans leur peau. Ou plutôt si, ils le sont, mais pas plus que n'importe qui ayant vu vingt fois Twilight. *La meilleure chose à faire est donc de conforter votre nièce dans sa pseudo-névrose, en compatissant à l'aide de phrases étudiées qu'il faudra vous efforcer de caser dans la conversation. Par exemple :« Je prends un grand plaisir à crucifier des chats sur la porte des églises », « Je n'ai pas autant ri depuis la dernière fois que j'ai écouté l'intégrale de Barbara » ou encore :« Robert Pattinson, il est vraiment trop beau.»*

Exercice n°40 • Le grand-oncle parkinsonien

Vous en tremblez déjà : votre voisin de table n'est autre qu'Émile, votre grand-oncle atteint de la maladie de Parkinson. Et qui dit parkinsonien à proximité dit costume Hugo Boss recouvert de sauce dans le quart d'heure qui suit. Il va donc s'agir pour vous de sauver ce vêtement qui vous a coûté les yeux de la tête et que vous aimeriez pouvoir porter à nouveau pour épater vos potes. Attention, qui dit potes dit costume Hugo Boss recouvert de bière dans le quart d'heure qui suit, mais cela fera sans doute l'objet d'un autre ouvrage.

Quelques semaines avant la cérémonie, suivez les étapes décrites ci-après.

1. Inscrivez-vous dans le club de paintball dont dépend votre domicile. Pas pour devenir le tireur de billes de peinture le plus bourrin que la Creuse ait jamais connu, non, mais pour affiner votre sens de l'esquive. En effet, quand Tonton secouera violemment sa cuillère pleine de soupe (ce qui ne manquera pas d'arriver, croyez-en mon blazer Smalto), vous serez bien aise d'avoir appris à résister aux assauts de Killer Kévin, le sniper le plus efficace – mais pas le plus subtil – à l'ouest de Guéret. Vous pourrez alors parer les séniles projections d'un jeter de serviette précis mais élégant, les éviter en reculant votre chaise avec la grâce féline qui vous caractérise, ou vous jeter sous la table en essayant de ne pas proférer trop d'insanités.

2. Si votre antimilitarisme primaire vous fait abhorrer les divertissements consistant à se tirer dessus, vous prendrez note de mon mépris (avec des gens comme vous, il ne faudra pas se plaindre quand nous serons envahis par les Boches) et de l'exercice suivant : demandez à votre grand-mère, ou à toute femme âgée disposant encore de toute sa tête, où faire l'emplette d'une toile cirée – l'âge de l'interlocutrice est important, car ce secret est jalousement gardé par les personnes de plus de 75 ans. Une fois la précieuse étoffe acquise, demandez, toujours à votre grand-mère, un exemplaire du magazine *Modes & Travaux* – elle en trouvera sans doute un coincé entre *Pèlerin magazine* spécial prostate et *Passion surdité*, « le magazine qui s'y entend ». Feuilletez le magazine jusqu'à trouver le patron du gilet du mois et suivez les instructions pour confectionner une armure qui vous protégera des assauts du tremblant croûton.

Débriefons

Bon, chaque médaille ayant son revers, vous serez sans doute nettement moins classe que prévu, mais vous aurez sauvé votre costume et peut-être certaines personnes vous jetteront-elles même quelques pièces pour acheter un litron.

Exercice n°41 • La cousine par alliance trop bavarde

Elle vous fait un peu penser à une chaîne d'infos en continu un jour d'élection présidentielle : elle n'a rien à dire, mais pourtant elle n'arrête jamais de parler. Et sa logorrhée n'est en effet pas toujours palpitante, loin de là.

« Tu te rappelles Sébastien, qui était dans ma classe en 4e et qui avait un gros appareil dentaire ? [— Euh, non, je ne te connaissais pas quand tu étais en 4e…] — Eh bien je l'ai retrouvé grâce à Facebook et je lui ai fait une demande d'ami. [— Ah ouais ? Super…] — Mais il doit y avoir un bug sur Facebook parce qu'il n'a pas encore répondu… [— Sans blague !] — Mais ce serait vraiment génial de reprendre contact avec lui, parce que son père était prof d'espagnol. [— Mmmm, je vois pas bien, là…] — Mais si, parce que j'adore les films d'Almodovar ! [— Mais tu vas la boucler, oui ?!! » (Bruit d'os fracassé par un instrument contondant)].

Ce drame aurait pourtant pu être évité. Voici comment.

Placez-vous devant un miroir et récitez les répliques suivantes. En y mettant le ton, s'il vous plaît ! (Note : attention, il y a un piège.)

« C'est pas vrai ?! Mais c'est géniaaaal !!! »

« Nooooonnnnn. Il (/elle) a vraiment dit ça ??? »

« Ah oui ? Et tu as réagi comment ? »

« J'y crois pas ! La tête qu'il (/elle) a dû faire ! »

« Ta gueule, sombre connasse ! »

« Ah, comment sont les gens, de nos jours ! »

« Tu as de la chance, c'est pas à moi qu'un truc pareil arriverait… »

« Tu vois, c'est pour cette raison que je te voue une telle admiration. »

Débriefons

A priori, vous devriez être paré à toutes les situations si vous faites preuve d'un peu d'esprit convivial. Si vous voyez qu'une des répliques ne fonctionne pas, testez-en une autre : de toute façon, votre cousine ne vous écoute pas, alors il y a peu de chances qu'elle se rende compte de quoi que ce soit.

Vous pouvez aussi préenregistrer les phrases (sauf la cinquième bien entendu, qui constituait le fameux piège dans lequel vous n'êtes pas tombé) et les passer en boucle sur un dictaphone pendant que vous devisez avec la personne sise de l'autre côté. Si malgré tout vous sentez une pointe d'agacement monter en vous au bout d'un moment, ne faites pas l'erreur d'utiliser l'instrument contondant sus-cité. Préférez un instrument tranchant, beaucoup plus discret.

6

Gérer l'imprévu

C'est purement mathématique. Prenez un lieu fermé, mettez-y plus de deux personnes, essayez d'imaginer tous les scénarios possibles : il y a 100 % de chances que vous n'ayez pas envisagé une seule seconde ce qui va réellement se passer. En matière de réunions de famille, on vous présente tout de même quelques grands classiques – ne dites pas que vous l'aviez prévu, on ne vous croira pas.

Exercice n°42 • La soirée karaoké

Tout à coup, vous apercevez un groupe de personnes s'affairer autour d'un écran et d'une sono. Défilent alors des vidéo clips que vous n'avez jamais vus et les mots « Test. Un deux. Un deux » jaillissent d'une paire d'enceintes. « Ils ne peuvent pas tomber aussi bas », songez-vous. Si. Un karaoké s'annonce. Vos oreilles saignent d'avance à l'idée de l'oncle Jean-Paul s'avançant sous les spots, ce vénérable éleveur de chèvres ne manquant jamais une occasion d'interpréter une ritournelle de Julien Clerc, ce qui fait montre d'une certaine logique, convenons-en. Autre problème : comme vous savez massacrer *Les Portes du pénitencier* à la guitare, vous êtes par conséquent catalogué musicien de la famille. Du coup, vous pourriez bien vous taper la honte d'ici quelques minutes.

En suivant les consignes ci-après, vous abrégerez vos souffrances tout en en causant à l'auditoire. Matériel : un lecteur MP3, un ballon, une hache, du courage.

1. Pensez à charger sur votre lecteur MP3 un pot-pourri des plus belles mélodies du groupe Metallica. Branchez votre lecteur au matériel de sonorisation, puis entonnez *Enter Sandman*.

2. Si bizarrement l'auditoire se trouve conquis par votre prestation, aspirez le contenu d'un ballon d'hélium, enfilez des boules Quies et demandez au disc-jockey de lancer *All by myself*, insupportable chanson popularisée par l'inénarrable Céline Dion. Quand vient la note la plus haute, morceau de bravoure des radio-crochets en tous genres, n'hésitez pas à renforcer le côté inaudible de la chose en approchant le micro des enceintes, générant ainsi un larsen bienvenu, qui détruira à coup sûr les tympans les plus fragiles, voire les autres aussi avec un peu de chance.

3. La salle résonne malgré tout des vivats de la foule en délire ? Munissez-vous de la hache que vous aurez pris soin de dissimuler dans votre pantalon, vous donnant au passage la démarche de Dick Rivers, et assénez-en un grand coup sur la sono. Si vous êtes d'humeur taquine, vous pouvez aussi viser le DJ qui, c'est un fait, ne mérite guère de vivre, comme tout DJ qui se respecte, d'ailleurs.

Débriefons

Le karaoké est un grand classique des soirées comptant de nombreux invités, pour peu que les organisateurs soient peu inspirés ou très sadiques. S'en sortir avec dignité n'est pas chose facile. La meilleure défense est ici l'attaque si l'on est capable d'un brin d'autodérision. Malgré tout, il est intéressant de noter qu'interpréter Les Gondoles à Venise *sur fond de synthétiseur bas de gamme met en joie certaines personnes, pas forcément les plus avinées au demeurant. Et que ce pathétique spectacle peut se révéler délectable si vous n'êtes pas concerné.*

Exercice n° 43 • La soirée dansante

Il y a soirée dansante et soirée dansante. Quand les invités alcoolisés se trémoussent sur *La Chenille* ou *La Danse des canards*, ça reste dans vos cordes : vous pouvez toujours prétexter que ces deux monuments de la variété française vous causent des problèmes gastriques, pour rester tranquillement vider les verres abandonnés sur la table. Mais s'il s'agit d'une « vraie » soirée dansante, le problème est tout autre. Valse, tango, paso doble… Tout cela vous est absolument étranger, mais vous enviez les regards admiratifs qui se posent sur les couples virevoltants au milieu de la piste. N'ayez crainte, l'exercice qui suit va vous arracher à votre chaise dès les premières notes sorties des haut-parleurs.

Louez la vidéocassette de Dirty Dancing. Enfin...
si vous vivez dans les années quatre-vingt ; sinon
prenez le DVD, c'est quand même plus pratique et
l'image est meilleure. Puis suivez les étapes ci-après.

1. Approchez-vous de la personne avec qui vous souhaitez danser, et tendez la main vers elle en lançant : « On ne laisse pas Bébé dans son coin. »

2. Une fois qu'elle a accepté – en vous prenant peut-être pour un gros débile si elle n'a pas vu le film, c'est un risque à prendre –, demandez-lui de courir dans votre direction depuis l'autre bout de la pièce, et de bondir quand elle se trouvera à deux mètres de vous.

3. Attrapez-la par les hanches et soulevez-la bras tendus au-dessus de votre tête.

4. Profitez des regards ébahis que vous appeliez tant de vos vœux.

Débriefons

Comme disent les talibans facétieux pour faire une blague à leurs tendres épouses, il ne faut pas se voiler la face : il y a aussi de fortes chances que la dernière étape soit remplacée par la recherche dans les Pages jaunes d'un kinésithérapeute encore ouvert à cette heure tardive. Mais ce tour de reins n'est-il pas finalement l'excuse parfaite pour rester vider les verres ?

Exercice n 44 • Le repas anglais

« Mais qu'est-ce que c'est que cette matière ? » vous demandez-vous en voyant arriver votre assiette sur la table. Après avoir mis une beigne à votre voisin qui a cru être drôle en répondant « C'est kloug » – cette repartie s'est en effet vu bannir de l'*Encyclopaedia Universalis* depuis que Christian Clavier a joué dans *Les Visiteurs* –, vous vous décidez à analyser plus sérieusement cette masse informe qui se dresse au beau milieu de votre assiette. Est-ce un morceau de carotte en décomposition, ici ? Un peu de gras, là ? Du chocolat, peut-être ? Si une chose est certaine en ce bas monde, c'est bien qu'il ne faut jamais tenter l'expérience de la gastronomie britannique sans avoir subi un sérieux entraînement. L'exercice suivant va vous aider dans cette optique.

Quelques jours avant la réunion, préparez la recette suivante.

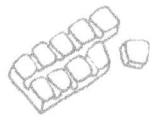

Gigot à la menthe

Ingrédients : 1 gigot de 2 kg environ, 2 cuillerées à soupe de sucre cristallisé, 1 tête d'ail, 1 citron non traité, 1 branche de thym, 1 bouquet de menthe fraîche, 4 cuillerées à soupe d'huile d'olive, du poivre noir.

Préchauffer le four (thermostat 8 – 240 °C). Séparer les gousses d'ail sans les peler, puis couper leur base. Les faire blanchir 2 à 3 minutes dans l'eau bouillante, puis les égoutter. Prélever 3 zestes du citron. Laver, essorer et détacher toutes les feuilles de menthe. Les passer au mixer avec 2 à 3 cuillerées à soupe de sucre cristallisé et le zeste de citron. Verser la préparation dans un bol. Ajouter le thym effeuillé et l'huile. Poivrer et mélanger. Frotter le gigot sur toutes ses faces avec cette pâte. Huiler un plat à four. Y déposer le gigot et l'entourer des gousses d'ail. Enfourner à mi-hauteur, laisser cuire 10 minutes, puis réduire le thermostat à 6 (180 °C) et poursuivre la cuisson 35 à 40 minutes.

Pour la sauce :

Ingrédients : 12 cuillères à soupe de menthe fraîche finement hachée, 1 cuillère à soupe de sucre, 7,5 cl de vinaigre de malt, 1 cuillère à soupe d'eau.

Préparation : piler ensemble la menthe et le sucre dans un mortier. Ajouter le vinaigre et l'eau chaude et tourner jusqu'à ce que le sucre soit dissous. Réserver 1 heure avant de servir.

Débriefons

C'est pas bon, hein ?

Exercice n° 45 • Vos enfants vous mettent la honte

Quel est ce bruit de verre brisé que l'on entend tintinnabuler dans le lointain ? C'est la fontaine de champagne qui vient de s'écrouler dans un fracas rappelant les plus grands succès de Mariah Carey. Et pourquoi certaines voix s'élèvent-elles, criant votre prénom ? Parce que la faute en incombe à votre progéniture qui n'a rien trouvé de mieux à faire que d'agripper un verre en bas du fragile édifice, faisant chuter la composition si savamment ordonnée. Comment réagir ?

Le test suivant vous indiquera quel type de parent vous êtes. Pour chacune des situations, choisissez la réaction qui vous correspond le mieux.

1. Vos enfants ont détruit la fontaine de champagne.

- « Mais quelle bande de dégénérés ! Au lit tout de suite, petits morveux ! »

- « Ce n'est pas grave, l'abus d'alcool nuit gravement à la santé. »

- « Allez chercher un balai et une serpillère, et réparez les dégâts pendant que j'appelle le caviste du coin s'il est encore ouvert. »

2. Votre fils a frappé son cousin, qui saigne maintenant du nez.

- « Ce n'est pas grave, il l'avait sans doute bien mérité. »

- « Va lui demander pardon et file dans la salle de bains chercher du coton et du désinfectant. »

- « C'est moi qui vais t'en coller une ! »

3. Votre fille a accroché ses cheveux dans le collier du chien et se trouve dans une position très inconfortable.

- « Quelle gourdasse ! Amenez-moi des ciseaux que je la scalpe ! »

- « Ne bouge pas, je vais chercher un os pour le chien et lui enlèverai son collier quand il sera calmé. »

- « Ce n'est pas grave, un chien vaut mieux que deux kilos de rats. »

4. Votre petit dernier a demandé à sa grand-mère pourquoi elle n'était pas encore morte.

- « Ce n'est pas grave, c'est sans doute juste une question de mois, de toute façon. »

- « Espèce de chiard indigne ! C'est moi qui vais te tuer ! »

- « Tu verras quand tu seras plus grand. Quatre-vingt-sept ans, c'est la fleur de l'âge. »

Résultats

Majorité de ●

Ne trouvez-vous pas que vous surréagissez un peu ? Ce n'est pas en vous énervant que vous résoudrez les problèmes ; vous risquez au contraire d'envenimer une situation déjà bien peu flatteuse pour vous et votre entourage. Prenez un peu de recul par rapport aux événements. Après tout, ne vous est-il jamais arrivé de faire quelques grosses bêtises quand vous étiez petit ? Si non, apprenez à décompresser en faisant vous aussi des bêtises enfantines : sauter dans des flaques, trouer votre pantalon en tombant de vélo, énucléer des chatons. Vous y trouverez un réconfort certain.

Majorité de ◆

Ne trouvez-vous pas que vous êtes un brin passif ? Pas étonnant que vos rejetons se croient tout permis si vous vous complaisez dans cette attitude que des militants UMP qualifieraient de soixante-huitarde – et dans leur bouche, ce n'est pas un compliment. Essayez d'assumer davantage vos responsabilités, par exemple en commençant par avouer que c'est vous qui avez mangé tous les mini-feuilletés au foie gras à l'apéro.

Majorité de ▥

Vous savez rester calme et faites preuve d'un sang-froid digne des plus grands maîtres zen, j'ai nommé Gudô Wafu Nishijima, Taisen Deshimaru et Steven Seagal. Vous avez toujours la tête suffisamment froide pour trouver des solutions. Vos proches savent combien ils peuvent toujours se reposer sur vous. Vos collègues apprécient que vous preniez un moment pour les aider à terminer leurs tâches dans les temps. Les clochards sont reconnaissants des sommes rondelettes que vous jetez dans leur gamelle de fer-blanc. Votre patron vous sait gré de rester au bureau jusqu'à minuit pour le remplacer quand il a un golf très tôt le lendemain matin. Est-ce si bien que ça, finalement ?

Exercice n°46 • Vos parents vous mettent la honte

On choisit pas ses parents (pas plus que sa famille ou les trottoirs de Manille, bien qu'on puisse légitimement se demander ce que ces derniers viennent faire dans l'histoire). Et il est des moments, passé une certaine heure et un certain degré d'alcoolémie, où votre amour filial se révèle insuffisant pour supporter les excès de vos géniteurs. Chansons paillardes, discussions politiques qui s'enveniment, tenue vestimentaire – et tenue générale – de plus en plus décadente… Vous qui vouliez vous faire bien voir par le nouveau mari de votre cousine, dont l'entreprise florissante recrute actuellement pour des postes très bien payés correspondant parfaitement à vos compétences, c'est mal barré. Un fort air de famille vous relie du premier regard aux deux énergumènes qui sont le centre de l'attention depuis quelques minutes. Comment conserver sa dignité dans un contexte si particulier ?

N'avez-vous jamais vous-même collé la grosse honte à vos parents ? Racontez ici quelques exemples :

Débriefons

Comme vous pouvez le constater, vous n'êtes pas non plus irréprochable, loin de là. Pourquoi dès lors faire grief à vos parents de leur comportement actuel ?

Et de toute façon, gardez toujours à l'esprit que même si on ne le dirait pas à ce moment précis, vos parents vous aiment. Ils ont changé vos couches ; ils ont passé des nuits blanches pour rester à vos côtés quand vous étiez malade ; ils se sont saignés aux quatre veines pour vous fournir la meilleure éducation possible et faire de vous la personne cultivée et spirituelle que vous êtes devenue. Et si vous en profitiez finalement pour aller faire connaissance avec votre nouveau cousin par alliance ?

7

•

Et après ?

Les enfants s'endorment, les adultes s'ennuient, et les lieux se vident. La fin de la réunion pointe le bout de son nez. Et que porte-t-elle, là, sous le bras ? On dirait que c'est votre soulagement ! Youpi ! Votre calvaire est presque terminé. Néanmoins, « presque » est un mot bien utile pour signifier que vous allez encore souffrir un tantinet. Peut-être un peu moins si vous suivez ces dernières recommandations.

Exercice n°47 • Les au revoir

Reste une étape importante : dire au revoir avant de se casser.
Faut-il dire au revoir à tout le monde ? Juste aux personnes qui
vous ont invité ? Doit-on montrer un enthousiasme exagéré ?
C'est ce que l'exercice suivant va vous aider à déterminer.

Répondez à ce questionnaire.

1. Notez ci-dessous ce qui vous a déplu lors de cette réunion de famille :

_____

_____

_____

_____

_____

_____

_____

_____

_____

_____

2. Notez maintenant ce qui vous a charmé :

_____

_____

_____

_____

_____

_____

_____

_____

_____

Débriefons

Comme vous êtes quelqu'un de relativement poli et civilisé (la preuve, on ne vous a jamais contacté pour faire partie de l'équipe de France de football), il va manifestement falloir insister sur le point numéro 2. Pensez positif, vous n'en aurez l'air que plus sincère quand vous prendrez congé en remerciant chaleureusement vos hôtes. Vous pourrez utiliser tout ce que vous avez noté au point 1 dans le prochain exercice, mais là, ce n'est vraiment pas le moment.

Si vous n'avez rien noté au point 2, utilisez en dernier recours le biais suivant : dites « J'ai passé une excellente journée !... », puis retournez-vous et marmonnez dans votre barbe – ce qui est d'autant plus facile si vous jouez dans le groupe ZZ Top – : « ... Mais ce n'était pas celle-là. » C'est mesquin, mais ça peut vous aider à relâcher la tension accumulée au cours des dernières heures.

Exercice n°48 · Médisance sur le chemin du retour

C'était vraiment une journée parfaite ! Non, je rigole… Dans les réunions de famille, il y a toujours un nombre plus ou moins important de choses qui vont de travers. Et même quand tout va bien, il est rare que certains convives ne trouvent à redire sur divers aspects. L'exercice qui suit est un bon moyen d'estimer si votre réunion de famille fut un succès ou pas.

Placez discrètement quelques micros espions dans les véhicules garés sur le parking – ne prenez pas cet air effarouché, votre passé de délinquant juvénile vous a certainement appris à forcer une portière à l'aide d'un cintre. Cochez ensuite les éléments de la liste ci-dessous qui vous semblent pertinents et écoutez ce que les autres en pensent. Inscrivez le total obtenu pour chaque proposition, vous y compris, dans la colonne de droite.

Vous	Médisance	Total
	« Le (/la) marié(e) avait l'air d'un(e) bon(ne) gros(se) crétin(e). »	
	« Tu ne trouves pas que Jennifer a beaucoup grossi depuis la dernière fois ? »	
	« C'est moi ou la bouffe était vraiment immonde ? »	
	« Tu as vu dans quel état a fini Gérard !? »	
	« La belle-famille fait pas un peu tas de gros bourges/de prolétaires de base ? »	
	« J'ai été littéralement bouffé par les moustiques ! »	

Vous	Médisance	Total
	« La musique était quand même super naze. »	
	« La tante Évelyne devrait s'abstenir de danser. »	
	« C'était pénible, tous ces mômes qui courent partout ! »	
	« Leur espèce de vieille vinasse m'a foutu un de ces mal de crâne ! »	

Résultats

Faites le total de la colonne de droite et divisez celui-ci par le nombre de personnes espionnées plus 1 (le « plus 1 », c'est vous…).

Total compris entre 7 et 10

Il n'y a là aucune médisance. Tout le monde semble avoir vécu un moment atroce. Le mieux est de couper tout lien avec cette branche de la famille. Immédiatement et sans regret. Même dans votre liste d'amis sur Facebook, non mais !

Total compris entre 3 et 7

Les avis divergent. Chacun a profité de l'événement différemment. Référez-vous uniquement à vos propres résultats. Si vous avez plus de 5, lisez le paragraphe précédent ; moins de 5, allez au suivant.

Total inférieur à 3

Bon, ça n'avait pas l'air si mal, finalement ! Soit parce que tout le monde a lu ce livre avant de venir – ce qui expliquerait ses excellentes ventes et le fait qu'au moment où vous lisez ces lignes, je suis exilé fiscal au Luxembourg. Soit éventuellement car l'organisation était parfaite, les invités charmants et cultivés, la nourriture excellente, les boissons délicates et les décolletés plongeants. Mais juste éventuellement, car je n'y crois pas une seconde.

Exercice n°49 • Les remerciements

Vous pensiez votre calvaire terminé une fois rentré chez vous ? Il n'en est malheureusement rien. Vous allez encore devoir vous coltiner une jolie carte de remerciements pour tous ces instants chaleureux et pleins d'émotion que vous avez pu vivre. Certes, l'idée ne vient pas de vous (c'est votre mère procédurière qui vous oblige à vous taper cette tâche ingrate), mais vous ne pouvez néanmoins pas y couper. Alors comment vous débarrasser de cette corvée rapidement et sans trop de mal ?

Remplissez le questionnaire suivant.

1. Écrivez ci-dessous les mots qui vous viennent à l'esprit quand vous repensez à cette réunion de famille :

_ _

_ _

_ _

_ _

_ _

_ _

_ _

2. Cherchez tous ces mots dans le *Petit Robert*, puis rayez ceux que ce vénérable dictionnaire caractérise par l'abréviation « vulg. » :

_____

_____

_____

_____

3. Reliez simplement entre eux les mots restants par des verbes passe-par-
tout (être, faire, vomir, etc.) et des conjonctions de coordination (si, si, le
mec qui s'appelle Ornicar et que personne n'est fichu de trouver). Puis recopiez
votre texte ci-dessous avant de le porter définitivement sur une feuille A4
issue d'une ramette que vous avez piquée au bureau :

_____

_____

_____

_____

4. Emballez, c'est pesé !

Débriefons

*Vous avez vu, ce n'était qu'un mauvais moment à passer ! Et croyez-
moi, vous perdriez plus de temps à chercher une lettre-type sur
Internet qu'à faire le job par vous-même. Quoi qu'il en soit, si vous
voulez que votre honneur soit sauf, faites contre mauvaise fortune
bon cœur en vous disant que ce sont plutôt vos hôtes qui devraient
vous remercier d'avoir supporté leur fête minable.*

Exercice n°50 • Les invitations évoquées

Une réunion de famille est toujours l'occasion de revoir des oncles, des tantes ou des cousins que vous n'avez pas vus depuis longtemps. Et malheureusement, l'ambiance festive et l'abus d'alcool nous amènent parfois à proférer des phrases comme : « Mais venez donc passer une semaine à la maison pour les vacances de février ! » Il est inutile de préciser combien nous les regrettons sitôt prononcées. Erreur classique, et pourtant vous venez de vous fourrer dans ce guêpier. Vite, faites l'exercice qui suit !

Mettez en pratique, dans l'ordre, les étapes ci-dessous.

1. Demandez à votre opérateur téléphonique de vous attribuer un nouveau numéro et de ne pas le faire apparaître dans l'annuaire.

2. Verrouillez votre page Facebook pour que seuls vos vrais amis puissent y avoir accès.

3. Si vous vous trouvez dans une passe financière heureuse, déménagez et n'informez personne de votre nouvelle adresse.

Débriefons

Toutes ces astuces simples devraient pouvoir vous éviter de subir la présence de votre cousin Thierry et de toute sa marmaille gluante pendant l'une de vos trop rares semaines de vacances. S'il retrouve malgré tout votre trace, une seule chose à faire : filez aux États-

Unis et efforcez-vous d'assister à quelques exactions commises par des membres de la mafia new-yorkaise. Puis contactez le FBI pour leur demander d'intégrer leur efficace programme de protection des témoins. Cette solution peut s'avérer perturbante dans votre quotidien, mais en février, vous pourrez au moins aller au ski !

Conclusion

Voilà. Vous êtes fin prêt. Vous pouvez désormais affronter avec sérénité la réunion de famille qui se profile à l'horizon. Vous êtes maintenant capable de transformer les pires travers de ce genre de festivités en moments de véritable allégresse. Vous avez appris à faire fi de vos préjugés pour vous ouvrir pleinement à votre prochain (non ? ah bon…). Par votre aisance en toute situation, vos bons mots si pertinents et votre flegme non dénué d'une pointe de second degré, vous saurez toucher le cœur de vos hôtes, faire naître des sourires émerveillés sur les lèvres des convives, éveiller des vocations chez les plus jeunes et vous attirer les faveurs du sexe opposé. Bientôt, une rue à votre nom sera inaugurée dans le village berceau de la famille et des centaines de pèlerins défileront chaque année pour y déposer une gerbe en votre honneur.

Tout ceci est effectivement bien beau, mais chaque médaille a son revers. Et comme la médaille des réunions de famille est un peu bizarre, elle en a même deux – du coup on peut se poser des questions sur sa forme exacte.

Tout d'abord, *quid* du jour où c'est vous qui organiserez une réunion de famille, par exemple à l'occasion de votre mariage (ce qui est, avouons-le, fort hypothétique pour le moment) ? Serez-vous si doué que cela dans l'organisation ? Saurez-vous distraire vos invités de telle sorte que personne n'ait à redire ? Leur servirez-vous une nourriture si succulente qu'aucun d'entre eux n'aura le moindre reproche à formuler ? Balayez un peu devant votre porte et concédez que la critique est facile, mais l'art moins aisé.

Ensuite, c'est vrai : vous avez assuré grave, comme disaient les jeunes il y a dix ans. Mais en faisant si forte impression lors de cette réunion de famille, ne risquez-vous pas d'être invité à la suivante ? Et à toutes les prochaines ? Le mieux est souvent l'ennemi du bien ; peut-être devriez-vous réfléchir à deux fois avant d'appliquer à la lettre tout ce que vous avez appris dans les pages de ce formidable ouvrage.

Oh, puis non, allez-y !

L'auteur

Guillaume Clapeau est journaliste et éditeur. Il est issu d'une famille relativement fournie dont il pratique les membres depuis sa plus tendre enfance. Sa verve, son charisme et le regard aiguisé qu'il porte sur ses contemporains ont fait de lui la coqueluche des mariages, communions, anniversaires, bar mitsvahs et barbecues estivaux en tous genres.